DER SPION IN MEINER TASCHE

Helmut Spudich:
Der Spion in meiner Tasche

Alle Rechte vorbehalten
© 2020 edition a, Wien
www.edition-a.at

Cover und Gestaltung: Isabella Starowicz
Lektorat: Alexandra Grass

Gesetzt in der Premiera
Gedruckt in Deutschland

1 2 3 4 5 — 24 23 22 21 20

ISBN 978-3-99001-384-7

Helmut Spudich

DER SPION
IN MEINER
TASCHE

**Was das Handy mit
uns macht und wie
wir es trotzdem
benutzen können**

edition a

»Dies ist nur ein Vorgeschmack dessen,
was kommen wird,
und nur der Schatten dessen,
was sein wird.«

Alan Turing, Mathematiker & Informatiker

Inhalt

Einleitung, **9**

Geliebter Spion, **17**

Das Jesus-Phone, **37**

Wo waren Sie gestern Abend? **53**

Schau mir in die Augen, Kleines, **75**

Alexa, was war das für ein
Geräusch im Hintergrund? **101**

Prince Charles wäre heute
lieber Camillas Smartphone, **127**

Ibiza ist überall, **149**

Wie viele Lebensjahre ist Ihnen
Ihre Privatsphäre wert? **173**

Die fünfte Generation, **195**

Zurück in die Zukunft, **221**

Einleitung

Vorwort, in dem wir einen Überblick darüber erhalten, wie unser geliebtes Handy ein geheimes Leben als Spion großer Konzerne und Behörden führt. Und welchen Beitrag dieses Buch zur Enttarnung und Wiederherstellung unserer digitalen Selbstbestimmung leisten will.

Erste Liebe

Wissen Sie, wie oft Sie heute schon auf Ihr Handy geschaut haben, ehe Sie dieses Buch zur Hand nahmen? Vielleicht ist es ein verregneter Sonntagvormittag und der schnelle Blick auf die Wetter-App zeigt, dass es nicht viel besser wird. Gelegenheit, wieder einmal ein Buch anzufangen. Davor noch schnell eine WhatsApp an die Freunde, mit denen der gestrige Abend etwas länger wurde. Ein paar Nachrichten sind schon da, die beantwortet werden müssen. Zur Kontrolle noch kurz auf Facebook schauen, was die anderen heute so treiben. Aber jetzt. Ich wette, Sie greifen wieder zu Ihrem Handy noch ehe Sie zum Ende des ersten Kapitels gekommen sind.

Dabei fing alles so gut an. Wir verliebten uns in unsere Handys, als SMS schreiben noch wirklich mühsam war. Weniger als ein Jahrzehnt dauerte es, bis sich selbst die hartnäckigsten Verweigerer widerwillig dem Trend anschlossen. Es war ja so praktisch!

Dann kamen iPhone- und Android-Manie und aus Verliebtheit wurde pure Obsession. Seither können wir den Blick kaum vom Bildschirm wenden. Selbst wenn wir unser Handy gerade nicht benötigen, halten wir es liebevoll, streichen gedankenverloren über das Display, warten angespannt auf das Piepsen und Blinken neuer Verständigungen.

Das Smartphone ist die universelle Fernsteuerung unseres Lebens. Die erinnerungswürdigen, verrückten, banalen Details unseres Alltags ablichten und sofort mit unserer Crowd teilen. Texten, als ob das Gerät nicht zum Sprechen erfunden worden wäre. Kein Weg nah und fern, den wir noch ohne unserer Navi-App finden würden. Musik, bis wir mit unseren drahtlosen Ohrenstöpseln verwachsen sind. YouTuben, bis Ibiza zum Spottwort wird und ein YouTuber namens Rezo die leeren Versprechen einer Großpartei vorführt.

Längst sind wir mit unserem Smartphone zu einer untrennbaren geistigen, seelischen und körperlichen Symbiose verschmolzen. Der intime Begleiter in unserer Tasche weiß, wofür und für wen wir unser Geld ausgeben – worüber nach einer Beobachtung von Sigmund Freud Eheleute noch weniger reden als über ihren Sex. Er weiß, mit wem und worüber wir endlos chatten, wer unsere »Friends« sind, welche Ärzte und Therapeuten wir regelmäßig besuchen, und ob es wirklich nur ein langer Abend im Büro war, wenn wir spät nach Hause kommen. Wie hoch am Morgen nach der Party der Restalkohol in unserem Blut ist. Und mit wem und wie oft wir Sex haben.

In Verbindung mit Smartwatches wird unsere Symbiose noch enger: Herzfrequenz, Körpertemperatur, Blutzucker, Bewegungen – nichts entgeht unserem aufmerksamen Alter Ego. Ein Sturz mit anschließender Bewegungslosigkeit alarmiert die Rettung und übermittelt dieser die genauen Standortdaten. Früher als von jedem Arzt können damit Krankheiten wie Herzinsuffizienz, Parkinson oder ein bevorstehender Asthmaanfall diagnostiziert werden.

Von Bequemlichkeit zum Missbrauch

Es ist ja so praktisch! Wenn da nicht ein Problem wäre: Der geliebte Spion in Ihrer Tasche ist – genau das. Denn anders als die sanften Stimmen von Alexa und Siri suggerieren, ist unsere Liebe einseitig, erweist sich der persönliche Assistent als Diener vieler Meister.

Dank eines immer vielfältigeren Sensoriums an Mikrofonen, Kameras, GPS und Bewegungssensoren, Funkverbindungen und Bildschirmimpressionen werden die Daten aus unseren Smartphones immer detaillierter. Das Ergebnis dieser Überwachung rund um die Uhr wird Smartphone-Herstellern, Netzbetreibern und einer Unzahl an Apps übergeben.

»Privatsphäre ist keine soziale Norm mehr«, so postulierte Facebook-CEO Mark Zuckerberg schon 2010 und stellte sich damit außerhalb des zivilen Konsenses unserer Gesellschaft. Sieben Jahre danach deckte der Cambridge-Analytica-Skandal auf, dass die Missachtung der Privatsphäre Zuckerbergs Geschäftsmodell ist: Aber-Millionen Userdaten wurden von Facebook zum Zwecke der politischen Manipulation verkauft. Den überwiegenden Teil dieser intimen Daten lieferten die Handys der gutgläubigen Benutzer.

Bewegungsprofile, die aus dem GPS am Handy stammen und von Diensten wie Google und Facebook praktisch ewig gespeichert werden, werden auf Anfrage von Polizei und Behörden zur umfassenden digitalen Rasterfahndung. In Phoenix, Arizona, wurde erstmals ein unschuldiger Mann im Zusammenhang mit einem Mord wochenlang in Untersuchungshaft genommen. Nur weil die Methoden – einstweilen – noch nicht die Genauigkeit von DNA-Tests aufweisen, kam er wieder frei. Ein anderer wurde schließlich überführt und verurteilt.

Nächtlicher Einbruch in unsere Privatsphäre

Herz- und Pulsfrequenz, Bewegungsmuster und Schlafgewohnheiten sind nicht nur eine sinnvolle Information für medizinische Zwecke. In den Händen von Versicherungen und Arbeitgebern können sie, selbst in anonymisierter Form, zu einem mächtigen Instrument zur Verhaltenssteuerung werden. Tausende Datenpunkte aus unzähligen Apps kommen so im Laufe einer Woche zusammen, ein Gigabyte an persönlichen Daten und mehr ist im Laufe eines Monats keine Seltenheit. Viele lustige Apps, die nach einigen Versuchen ungenutzt auf unserem Handy wohnen, wurden ausschließlich zu diesem Zweck entwickelt und funktionieren wie trojanische Pferde.

Scheinbar harmlose Apps öffnen potenziellem Missbrauch Tür und Tor. Etwa TikTok, die westliche Version der chinesischen App Douyin. Mit Kurzvideos seiner Benutzer wurde TikTok in kurzer Zeit zur beliebtesten Selbstdarstellungs-App unserer Tage. Verbunden mit Gesichtserkennung und künstlicher Intelligenz wird daraus ein mächtiges Überwachungstool, das unliebsame Botschaften wie ihre Botschafter erkennen und zensieren kann. In China wird dies als Instrument verwendet, um potenzielle Dissidenten zu maßregeln. Im Westen sammelt TikTok Daten über Gesichter, über Menschen, über ihre Interessen und Einstellungen. Die US-Streitkräfte haben inzwischen ihren Soldaten verboten, TikTok zu verwenden: Geheimdienste können die Bilder auswerten, um Hinweise zu Truppen, Ausstattung und Standorten zu erhalten.

Übergriffe auf unsere persönlichen Daten beginnen meist bei benachteiligten Personengruppen und in Situationen, in denen Widerspruch schwierig ist. Migranten und Flüchtlinge müssen längst den Behörden ihre Handys aushändigen, damit ihre Angaben kontrolliert werden können. Dies widerspricht dem Grundrecht, dass sich niemand selbst belasten muss. Für Visumsanträge für die USA und einer Reihe anderer Länder sind Angaben zu persönlichen Mail- und Social-Media-Konten zu machen, bei der Einreise kann der Inhalt des Smartphones durchsucht werden – bleib zu Hause, wenn du unsere Kontrolle nicht willst.

Digitale Selbstbestimmung

Doch es muss nicht böse enden, was so gut anfing. Smartphones sind das mächtigste Werkzeug, das Menschen je erfunden haben, um ihr Leben besser gestalten zu können. Zugegeben, das klingt etwas pathetisch und fordert Widerspruch geradezu heraus. Aber ein halbes Jahrhundert, nachdem der erste Mensch auf dem Mond gelandet ist, verfügen dreieinhalb Milliarden Menschen über einen Supercomputer in ihrer Tasche – in jeder Hand wesentlich mehr Rechenleistung als für die Mondmission vorhanden war. Vier Milliarden Menschen haben bereits Zugang zum Internet, zum Großteil über diese Smartphones und die Geräte ihrer Freunde. Fünf Milliarden Menschen sind über Mobilfunk mit der Welt verbunden und werden in wenigen Jahren gleichfalls über Smartphones verfügen.

Wir haben es in der Hand, damit zu unseren persönlichen Sternen zu greifen. Handys machen die Organisation des Alltags leichter, halten in mobilen Gesellschaften Freunde und Familien zusammen, die viel Zeit örtlich getrennt verbringen. Smartphones können uns dabei unterstützen, fit und gesund zu bleiben, unseren Beruf wie unser Privatleben reichhaltiger zu gestalten. Sie geben uns Zugang zum gesamten Wissen der Menschheit, jederzeit und an fast jedem Ort des Planeten. Man muss sein Smartphone nur einmal für eine Woche abschalten und wegsperren, um zu merken, wieviel komplizierter das Leben plötzlich ist.

Dieses Buch wurde geschrieben, damit wir das enorme Potenzial unserer Handys weiterhin positiv nutzen können. Dazu müssen wir, bei aller Liebe zum Smartphone, dieses als den Spion enttarnen, der sich in unser Vertrauen eingeschlichen hat: Denn das ist der erste Schritt, unsere digitale Selbstbestimmung wieder zu erlangen. Der umfangreichen Enttarnung widmen sich darum die meisten Kapitel, zusammen mit Hinweisen zum umsichtigen Gebrauch unserer Smartphones. Auch wenn manchen dabei der Gedanke kommen wird, besser das Smartphone zu verbannen: Das Ziel der Diskussion besteht im wirksamen Schutz unserer privaten Daten vor Missbrauch, nicht im Verzicht auf die tollen Möglichkeiten unserer Handys. Apropos Handy: Das Buch verwendet diese wunderbare deutsche Wortschöpfung synonym mit dem technoiden Ausdruck »Smartphone«, außer an den Stellen wo es um frühere Generationen von Mobiltelefonen geht. Wappnen Sie sich für unangenehme Enthüllungen. Damit am Ende wieder alles gut werden kann.

Geliebter Spion

Erstes Kapitel, in dem wir erfahren, wie die Welt bei einer echten Verfolgungsjagd erstmals lernte, dass jeder mittels Handyortung gefunden werden kann. Und wir uns trotz dieser denkwürdigen Einsicht nicht davon abhalten lassen, mit dem geliebten Spion Tag und Nacht zu verbringen.

Wir wurden gewarnt

Ein Vierteljahrhundert ist es her, als rund 100 Millionen Menschen vor ihren Fernsehern stundenlang dem Drama einer merkwürdigen Live-Verfolgungsjagd zuschauen. Unter strenger Einhaltung des gesetzlichen Tempolimits fährt ein weißer Ford Bronco in der kalifornischen Abendsonne die mehrspurige Interstate 5 in Orange County entlang. Mit Respektabstand folgt ihm eine Autokolonne der California Highway Patrol mit blau und rot blinkenden Lichtern, ohne je zu versuchen, den weißen SUV aufzuhalten. Über ihnen kreisen Polizei- und TV-Hubschrauber. Auf der Gegenseite halten Fahrer an und winken dem vorbeifahrenden Konvoi, als ob es eine Karnevalsveranstaltung wäre.

Auf dem Rücksitz des Bronco hält sich der zu einem beliebten Filmstar und TV-Entertainer gewandelte frühere Football-Star O.J. Simpson eine Pistole an die Schläfe und droht mit Suizid. Am Steuer des Wagens sein bester Freund

und früherer Football-Teamkamerad Al Cowling. An diesem
Tag hätte sich Simpson der Polizei stellen sollen: Er wird
verdächtigt, seine Ex-Frau Nicole Brown Simpson und deren
Freund Roland Goldman ermordet zu haben. Als Simpson
nicht bei der Polizei erscheint und zuhause nicht angetroffen
wird, leiten die Cops die Fahndung ein.

Um 17.51 Uhr begeht O.J. einen entscheidenden Fehler: Er
meldet sich telefonisch bei 911, dem US-Polizeinotruf, um
sich zu erklären. Jetzt kennt die Polizei seine Handynummer,
wenige Minuten später lokalisiert sie ihn auf der Interstate
5 in Orange County nahe dem Friedhof, wo seine Ex-Frau
bestattet ist. Eine Stunde später haben sie Sichtkontakt zum
weißen Ford Bronco seines Freundes Cowling und nehmen
die Verfolgung auf. Über das Handy hält Cowling Kontakt
zu den Polizisten: Sie müssen Abstand halten, andernfalls
schießt sich Simpson eine Kugel in den Kopf.

Die mehrstündige Fahrt durch das südliche Kalifornien
wird zum filmreifen Spektakel: Von Autobahnbrücken jubeln
Menschen Simpson zu, er möge durchhalten. Alle TV-Networks in den USA übernehmen die Live-Feeds aus den Hubschraubern. Dabei findet am Abend dieses 17. Juni 1994 ein prominentes Football-Finalspiel statt: Mit geteiltem Bildschirm
können die Zuschauer auf der einen Seite den Bronco samt
Polizeikonvoi verfolgen, auf der anderen Seite das Spiel. Gegen
21 Uhr gibt Simpson schließlich auf und wird verhaftet.

Erstmals wurde bei dem Spektakel die Öffentlichkeit auf
einen neuen vertraulichen Informanten der Polizei aufmerk-

sam: das Handy von O.J. Simpson. Zu einer Zeit, da erst Stars und Bosse über das neue, coole Gadget verfügten, gab es noch wenig Bewusstsein darüber, wie die Technologie eigentlich funktionierte. Man konnte auf der Straße, am Strand, am Swimmingpool und im Auto telefonieren: Das reichte den Meisten, um Handys cool zu finden und über eine Anschaffung nachzudenken. Viele Menschen dachten wohl, man könne bei einem mobilen Gerät im Gegensatz zu einem Festnetzanschluss nicht herausfinden, wo sich der Teilnehmer gerade aufhielt – wie denn, wenn das Handy ständig woanders war?

Welch kolossaler Irrtum. Das musste O.J. Simpson an diesem Tag erfahren, und mit ihm erstmals alle, die atemlos seine Flucht mitverfolgten. So neu war die Entdeckung, dass die »Los Angeles Times« und die meisten Medien diesem Umstand in ihrer Berichterstattung breiten Raum widmete: »Flüchtender verließ sich auf sein Handy und wurde von ihm verraten«, titelte die Zeitung in fetten Lettern. Bis in die kleinste Einzelheit wurde beschrieben, wie die Polizei mit Hilfe eines Durchsuchungsbefehls und der Mitarbeit des Mobilfunkbetreibers den ungefähren Aufenthaltsort von Simpson und seine Fahrt wenige Minuten nach seinem ahnungslosen Anruf beim Polizeinotruf ausmachen konnte. Und staunend erfuhren die Leser bei dieser Gelegenheit, dass sich Polizisten bereits seit längerem dieses neuen Werkzeugs in ihrem Ermittlungskoffer bedienten. Erst wenige Monate davor wurde so der flüchtige Drogenboss Pablo Escobar in Kolumbien aufgespürt. »Sobald Simpson einen seiner Freunde angerufen hätte, hätten wir ihn sofort gefunden«, erklärte ein stolzer Detektiv der »Los Angeles Times«. Praktisch, dass er sich gleich direkt an die Polizei wandte.

Captain Kirk, bitte melden

1994 hatten gerade einmal sechs Prozent der US-Bevölkerung ein Mobilfunkgerät. Die größte Handydichte fand sich in Los Angeles und New York. Österreich und Deutschland lagen damals noch ein wenig hinter diesem Verbreitungsgrad zurück. Nur wenige ahnten, dass es nur ein Jahrzehnt dauern sollte, bis das Statussymbol der Schönen und Reichen aus dem Alltag nicht mehr wegzudenken war.

Seine Inspiration für die Erfindung des ersten »handheld mobile phones« bezog der Motorola-Techniker Martin Cooper aus der Science-Fiction-Serie »Star Trek«, in der Captain Kirk dank seines Communicators quer durch die Galaxie telefonieren kann. Der studierte Elektroingenieur Cooper hatte bei Motorola zuvor Autotelefone gebaut, jetzt wollte er ein Gerät, das Menschen mit sich führen konnten. In nur 90 Tagen entwickelte er 1973 mit seinem Team das erste »Handgerät«, das DynaTAC 8000, ein Kilogramm schwer und mit einer Akkulaufzeit von gerade 20 Minuten. Dennoch war ein kabelloses Mobiltelefon eine Sensation zu einer Zeit, da noch nicht einmal das Schnurlostelefon zum Festnetz erfunden war. »Als wir vor Motorolas New Yorker Büro auf der Straße unseren ersten Anruf machten, blieb den vorübergehenden Passanten der Mund offenstehen«, erinnerte sich Cooper Jahre später in einem Interview. Es dauerte weitere zehn Jahre, ehe das DynaTAC 8000 zu kaufen war und es – zumindest in Städten – ein Funknetz zum Telefonieren gab. Ende der 1980er-Jahre brachte Motorola das MicroTAC heraus, ein Klapphandy ganz in der Art von Kirks Communicator. »Als wir das erste Handgerät auf den Markt brachten, dachten wir schon, dass eines Tages jeder ein Mobiltelefon haben würde. Aber dass dies noch zu unserer Lebenszeit passiert, damit hat keiner bei Motorola gerechnet«, zeigte Cooper noch Jahre später sein Erstaunen über die rasante Entwicklung.

Ab Mitte der 1990er-Jahre startete Mobilfunk auch in Europa richtig durch. Zwei Umstände bildeten dafür die Grundlage: Erstens der neue Mobilfunkstandard GSM (Global System for Telecommunication), ein einheitlicher digitaler Standard. Und zweitens die »Deregulierung« des Telekom-Marktes in der Europäischen Union, die für lebhafte private Konkurrenz zu den einstigen staatlichen Monopolbetrieben sorgte. Dank GSM wurde es zum ersten Mal möglich, mit einem Handy nicht nur im eigenen Land zu telefonieren, sondern in ganz Europa zu »roamen«, später in den meisten Ländern der Welt.

GSM brachte den Produzenten von Mobilfunkgeräten einen enormen Vorteil: Sie mussten nicht mehr eine Vielzahl technisch unterschiedlicher Modelle zu hohen Kosten für zersplitterte Märkte erzeugen. Damit sanken die Handypreise rapide und wurden obendrein weitgehend in den monatlichen Gebühren für den Mobilfunkbetreiber versteckt. Für den Mobilfunkmarkt wurde das (scheinbar) um »Null Euro« erhältliche Handy so wichtig wie seinerzeit Fords günstiges Modell T für den automobilen Massenmarkt.

1995 gab es in Österreich 450.000 Teilnehmer beim (noch) einzigen Anbieter mobilkom austria, Tochter der staatlichen Telekom Austria. 1996 zog mit max.mobil (heute T-Mobile Austria bzw. Magenta) die erste private Konkurrenz ins Land, 1998 folgte One (später Orange, heute in Drei aufgegangen). Schon zur Jahrtausendwende hatte sich die Zahl der Anschlüsse auf 4,64 Millionen verfünffacht, 2005 kam mit 6,83 Millionen Anschlüssen praktisch ein Handy auf jeden Erwachsenen.

Nicht viel anders war das Bild in Deutschland, wo Mannesmann (später Vodafone), E-Plus (heute Telefónica) und Viag Interkom (wurde o2, gehört heute gleichfalls zur Telefónica) der teilstaatlichen Deutschen Telekom Konkurrenz machten. Von 1995 bis 2005 explodierte die Teilnehmerzahl förmlich, von weniger als vier Millionen auf 80 Millionen Anschlüsse.

Das Nokia-Jahrzehnt

Innerhalb eines Jahrzehnts ein Handy in jeder Hand. Mit dieser Revolution unseres Alltags verbinden wir an erster Stelle einen Namen: Nokia. Niemand hatte mit dem biederen Konzern aus Finnland gerechnet, dem damaligen politischen wie industriellen Hinterland Europas mit exotischer

Sprache, langen, finsteren Winternächten und dem skurrilen Humor von »Leningrad Cowboys«. Nokia war alles andere als ein High-Tech-Unternehmen. Im 19. Jahrhundert aus einer Papierfabrik am namensgebenden Fluss Nokianvirta entstanden, wurde es im 20. Jahrhundert ein Mischkonzern. Nokia produzierte Gummistiefel und Radmäntel für Rollstühle, Traktor- und Autoreifen und Strom. Erst ab 1975 stellte Nokia Radio- und Fernsehgeräte und ab den 1980er-Jahren Autotelefone her: Das war die unglaubliche Mixtur, aus dem ein Handy-Champion entstehen sollte.

In einer der radikalsten Wetten auf die Zukunft, die je das Management eines Traditionsunternehmens einging, setzte der visionäre Nokia-Chef Jorma Ollila in den 1980er-Jahren alles auf eine Karte. Er verkauft die verlässliche, aber langweilige Gummi-, Kabel- und TV-Geräteproduktion, die 90 Prozent des Umsatzes ausmachte, und macht Nokia zu der Marke, die zum Weltmarktführer bei Mobiltelefonen werden sollte. Nokia macht und beherrscht den Handyboom: Zur Jahrtausendwende bringt es das legendäre Nokia 3310 heraus, das in fünf Jahren mit 126 Millionen Stück zum populärsten Handy des Nokia-Jahrzehnts wurde.

Mehr als zehn Jahre vor Apple emotionalisiert Nokia das Handy und macht es zum modischen Accessoire. Individuelle Cover für die Geräte ermöglichen jeder und jedem sein ureigenes Handy. Damit Benutzer ihren persönlichen Talisman oder angeblich strahlenabschirmende Steinchen befestigen konnten, integrieren die Designer eine winzige Schlaufe in der Hülle. Man experimentiert mit Designerstoffen anstatt kaltem Metall, um Handys das Technoide zu nehmen. Aus der Modeindustrie übernimmt der Konzern das Ritual von Frühjahrs- und Herbstkollektionen, die in Cannes, Helsinki, Barcelona, Berlin, London und New York als mediale Spektakel inszeniert werden.

Mit seinen Innovationen sorgte Nokia dafür, dass es immer öfters einen Grund gab, zum Handy zu greifen. Vom 2-Zeilen- zum 4-Zeilen-Display, von schwarz-weiß zu Farbe, von Textzeilen zu grafischen Displays. Freisprechfunktion, Wecker, Organizer, Vibrationsalarm. Ein eingebautes UKW-Radio und eine Taschenlampe. Dafür verschwindet die Antenne, damit das Handy beim Herausziehen aus der Tasche nicht hängenbleibt. Immer kleiner, immer dünner. Die ersten Datenverbindungen GPRS und EDGE, und mit Mail und »WAP« (Wireless Application Protocol) Babyschritte Richtung Internet. 1996 kam der erste Nokia Communicator heraus, ein vollwertiger Organizer für den Arbeitsalltag, der sogar faxen konnte. Mit der Jahrtausendwende wurden aus den Handys immer öfter Unterhaltungsgeräte: Als MP3-Player, Spielkonsole, Fotoapparat, portabler Fernseher. Mit jedem neuen Feature wurde die Beziehung zu unseren Handys inniger, der Suchtfaktor stärker. Zweijahresverträge mit dem Mobilfunker stellten sicher, dass die neuen Geräte mit ihren neuen Funktionen rasch weite Verbreitung fanden.

Die neue Freiheit

Nichts und niemand berühren wir im Laufe eines Tages so oft und zärtlich wie unser Handy. Die »Generation Nokia« erkennt noch heute den Einschaltton, der täglich auf hunderten Millionen Handys überall ertönte. 1994 erklang zum ersten Mal die Bearbeitung einiger Takte eines bis dahin unbekannten Gitarrenstücks von Francisco Tárrega als unverwechselbarer Nokia-Klingelton. In wenigen Jahren wurde er zur bekanntesten Melodie der Welt.

Lebhafte Erinnerungen an dieses erste Handy zeigen, welche starke Veränderung es im Alltag von Menschen bedeutete. Für junge Leute, deren stundenlange Telefoniergewohnheiten von ihren Oldies mit Argwohn kommentiert wurden, war das erste Handy eine Befreiung. »Bei uns zuhause hieß es immer, fasse dich kurz, vielleicht braucht jemand das Telefon für einen Notfall«, erzählt S. Sogenannte Vierteltelefone waren in Österreich noch in den 1990er-Jahren weit verbreitet – keine Anspielung auf die Weinkultur des Landes, sondern eine Telefonleitung, die sich vier Parteien teilen mussten. Wenn ein Teilnehmer telefonierte, hieß es Pause machen für die anderen drei.

»Mein Freund schickte mir ein eigenes Handy in die Arbeit. Es war gelb und zum Aufklappen. Ich weiß noch, welche Freiheit das für mich bedeutete.« Freiheit, zuhause nicht mehr auf den freien Anschluss warten zu müssen. Unabhängigkeit, nicht mehr zu genau bestimmten Zeiten Samstagabend am üblichen Platz die Clique zu treffen. Wer später kam, wurde mit Anruf oder SMS verständigt, wo die Freundinnen und Freunde inzwischen waren. Für H. brachte das erste Handy (»ein blaues Nokia 6110«) bei einem Auslandsstudienjahr in London die Freiheit, mit billigen SMS statt den teuren Ferngesprächen vom Münzfernsprecher im Studentenheim mit Freunden und Familie daheim in Kontakt zu bleiben.

»Mein erstes Handy bekam ich mit 18 zu Weihnachten. Ich wusste, wo die Eltern die Geschenke versteckten und habe es schon davor gefunden«, erinnert sich B. wie alles anfing. »Snake« spielen wurde zur Leidenschaft – ein einfach gestricktes Spiel, das auf Vierzeilen-Displays ohne Grafik und mit Tastensteuerung funktionierte. SMS wurden damals durch schnelles mehrfaches Drücken auf eine Zifferntaste geschrieben, um den gewünschten Buchstaben zu erzeugen (für jüngere Leserinnen und Leser: das Touch-Tastenfeld auf Smartphones zeigt noch heute die Buchstaben an, mit denen jede Ziffer verbunden ist. Um beispielsweise ein »F« zu schreiben, musste die »3« dreimal rasch gedrückt werden). »Ich konnte unter der Schulbank blind SMS schreiben.« Eine lebhafte Erinnerung mit Erklärungsbedarf, die man heute staunenden Enkeln zum Einschlafen erzählen kann.

Das erste Handy ein gelbes Ericsson, ein lila Alcatel, ein blaues Nokia 6110; zu Weihnachten, zum Führerschein, zur Matura geschenkt; ein Akku, der eine Woche hielt: Wie die Erinnerung an das erste Auto oder an einschneidende Ereignisse, wie der Fall der Berliner Mauer 1989, bezeugen solche

Aussagen die große Veränderung, die mit dem Handy in unserem Leben einzogen. Wenige technologische Neuerungen lösten von der Stunde Null an solchen Enthusiasmus aus.

Ein schleichendes Unbehagen

Einschneidende, berufliche Änderungen brachte für manche »der BlackBerry«, ein Kultgerät von Jungmanagern, um Tag und Nacht mit ihren E-Mails verbunden zu sein. Die Meisterschaft, mit zwei Daumen im Stakkato am »Mäuseklavier« (der Mini-Schreibmaschinentastatur) Mails verfassen zu können, erwies sich als karriereförderlich. Plötzlich kam die Arbeit mit nach Hause: Der unablässig piepsende Signalton beim Eintreffen neuer Mails war der Vorbote von WhatsApp. »Es war toll«, und es war belastend, sagt S. »Ich musste keinen Laptop mehr mitnehmen, um für dringende Fälle erreichbar zu sein. Aber ich blieb immer angespannt und schaute alle Viertelstunden nach, ob eine neue Mail gekommen war. Für mich hat hier der Begriff Work-Life-Balance seinen Ursprung.«

Aber solche Bedenken gegen übermäßigen Handygebrauch wurden vorerst in Diskussionen in der Familie, unter Freunden und Kollegen unter den Tisch gekehrt. Es überwogen Spaß und praktischer Nutzen und es sollte noch Jahre dauern, bis über Handysucht, Burnout oder Beziehungen diskutiert wurde, die auf dem Altar der Hinwendung zum Smartphone geopfert wurden. Lehrerinnen und Lehrer fanden einen neuen Feind in ihrem Kampf um die Aufmerksamkeit pubertierender Jugendlicher. Manche Schulen wussten sich nicht anders zu helfen, als die Handys ihrer Schüler vor dem Unterricht einzusammeln, um SMS-Austausch und Handyspiele unter der Schulbank zu unterbinden (was meist nur die vorübergehende Rückkehr zu papierenen Kassibern und Comics zeitigte).

Nicht mehr jede Innovation wurde gleichermaßen bejubelt. Als Kameras ins Handy einzogen und zunehmend den populären digitalen Kompaktkameras Konkurrenz machten, reagierten Unternehmen mit sensiblen Unterlagen und Produktionsstätten mit Misstrauen. Daraufhin brachte Nokia von seinem Manager-Liebling Communicator kameralose Versionen heraus, um ihre lukrativen Geschäftskunden nicht zu vergraulen.

Von Zeit zu Zeit sorgten Protokolle vertraulicher Telefonate in Zeitungen für Schlagzeilen, etwa im Zusammenhang mit der Beschaffung milliardenteurer Abfangjäger in Österreich. Die Quellen blieben naturgemäß verborgen, Geheimdienste wurden verdächtig, und vermeintlich Wissende sprachen mit verschwörerisch halblauter Stimme von »IMSI-Catchern«, mit denen Mobilfunkgespräche abgehört werden könnten – ein Gerät, das in der Nähe von Handys Telefonate und SMS zum Mithören »einfängt« und erst dann an eine Mobilfunkzelle weiterleitet (mehr über den Einsatz und das Geschäft mit IMSI-Catchern erfahren wir im Kapitel »Die fünfte Generation«).

Fälle wie diese und aufsehenerregende Kriminalfälle, bei denen wie bei O.J. Simpson die Handyortung eine wesentliche Rolle spielte, sowie der Einzug von Handys in den Ermittlungsalltag im sonntäglichen »Tatort« und andere Fernsehkrimis weckten nur langsam das Bewusstsein, dass das geliebte Handy im Zweifelsfall kein sicherer Hafen für Umtriebe war.

Alles, was recht ist

Dabei oszillieren Film und Fernsehen zwischen furchterregenden, jedoch technisch plausiblen Schreckensvisionen der Überwachung, und technischem wie gesetzlichem Humbug. Der bereits 1998 in die Kinos gekommene Film »Der Staatsfeind Nummer 1« zeichnet die Allmacht eines Überwachungsstaates dank Standortpeilung, Handymanipulation, Gesichtserkennung, versteckten Videokameras und missbrauchten Onlinediensten. In den folgenden Kapiteln werden wir erfahren, wie mit Smartphones, datenhungrigen Apps, Cloud-Diensten, Face-Recognition und anderen Technologien diese Vision heute technisch weitgehend Realität ist. Ein prominenter Player in »Staatsfeind Nummer 1«, damals noch weitgehend unbekannt, verkörpert heute den Überwachungsstaat: die NSA, der elektronische Geheimdienst der USA.

Auf der anderen Seite finden sich SOKO-Serien, in denen zwei Kommissare mit K.-o.-Tropfen außer Gefecht gesetzt und ihrer Handys beraubt werden. Doch keine Sorge: Die Kollegen eilen zu Hilfe, orten am PC im Kommissariat eines der gestohlenen Handys und schicken eine Kollegin zur Parkbank, wo sie dem gerade telefonierenden Übeltäter auf die Schulter klopft und das Handy abnimmt. Nett, aber doppelt falsch: Erstens wäre am PC des Kommissariats die Lokalisierung eines Handys durch Kriminalbeamte nicht möglich. Zweitens wäre eine Lokalisierung über das Mobilfunknetz so ungenau, dass damit unmöglich auf einem öffentlichen Platz ein konkretes Handy identifiziert werden könnte.

Standortinformationen erhält der Mobilfunkbetreiber von einem Handy in den älteren Teilen seines Netzes entweder, wenn das Handy telefoniert oder gerade eine SMS verschickt, oder wenn die Mobilfunkzelle das Handy »anpiepst«. Ältere Netzteile: Das sind GSM, die so genannte zweite Generation des Mobilfunks, und das ab 2000 gebaute Datennetz 3G, anfangs als UMTS bekannt. Diese beiden Generationen sind weiterhin ein wichtiges Rückgrat der aktuellen Mobilfunknetze, obwohl inzwischen der Großteil des Datenverkehrs über 4G alias LTE vermittelt wird (auch über diese Entwicklung erfahren wir mehr im Kapitel »Die fünfte Generation«).

Den Standort zu bestimmen, fällt in 2G- und 3G-Netzen relativ ungenau aus, da nur wenige Betreiber über »Triangulation« verfügen – die Möglichkeit, durch die Anmeldung des Handys bei mehreren Mobilfunkzellen in seiner Umgebung genauer den konkreten Ort zu bestimmen. Diese Genauigkeit erhöht sich bei LTE (4G): Denn Smartphones melden sich relativ häufig bei »ihrer« Mobilfunkzelle, und diese wiederum sendet ihre Radiowellen in engeren Sektoren aus, was wiederum den möglichen Standort eingrenzt.

Anders sieht es aus, wenn es nicht um einen genauen Standort geht, sondern um die Bewegung eines Handys und seiner Benutzerin oder seines Benutzers. Durch die Verfolgung des Geräts über mehrere Funkzellen entstehen relativ genaue Bewegungsprofile. Ausreichend genau, um bei einer Ermittlung eine Person in Zusammenhang mit einem oder mehreren Tatorten zu bringen.

Hingegen ist der Zugriff auf den genaueren GPS-Teil (Satellitennavigation) von Handys dem Betreiber nicht möglich und damit der Polizei verwehrt. Dazu bedürfte es der Manipulation eines Handys durch entsprechende Software, einem »Bundestrojaner«, wie diese Schadsoftware umgangssprachlich genannt wird. In Deutschland ist dies den Behörden beim Verdacht auf schwere Straftaten seit einigen Jahren erlaubt. In Österreich wurde der Polizei dieser dringende Wunsch Ende 2019 vom Verfassungsgerichtshof versagt: Zu groß sei der mögliche Kollateralschaden für die Zivilgesellschaft (mehr darüber im Kapitel »Ibiza ist überall«).

Was der Polizei (nicht) erlaubt ist

Gemessen daran, was Smartphones heute über uns wissen und wir in den folgenden Kapiteln erfahren werden, ist dem Mobilfunkbetreiber nur eine Handvoll persönlicher Daten über das jeweilige Handy bekannt. Betreiber wissen, wer der Inhaber einer Mobilfunknummer ist, inzwischen auch bei registrierungspflichtigen Prepaid-Karten. Sie kennen den – mehr oder weniger genauen – Standort zu bestimmten Zeiten und können ein Bewegungsprofil über einen gewissen Zeitraum erstellen. Dazu kommen Verbindungsdaten: Wer wann angerufen wurde, wer wann welche SMS geschickt hat, welche Webseiten von einem Handy angesurft wurden. Und der Betreiber kennt Daten des konkreten Geräts wie dessen (manipulierbare) Seriennummer, das verbrauchte Datenvolumen, die Zahl der SMS, die Länge der geführten Gespräche.

Davon dürfen nur die sogenannten »Metadaten« gespeichert werden, also Daten über die aufgebauten Verbindungen, Standorte, Datenvolumen, Geräteinformation. Diese Information bleibt einige Monate gespeichert: So lange, bis Rechnungen bezahlt und nicht beeinsprucht wurden, oder allenfalls so lange, bis über einen Einspruch entschieden wurde. Die Vorratsspeicherung, die mehrjährige Speicherung dieser Daten, wurde hingegen vom Europäischen Gerichtshof als Verstoß gegen Grundrechte erkannt und beendet.

Der Zugriff auf diese Daten ist der Polizei nur aufgrund einer staatsanwaltlichen Anordnung mit richterlicher Genehmigung erlaubt. Die Betreiber müssen dafür rund um die Uhr bereitstehen. Im Falle einer richterlichen Erlaubnis können Inhalte mitgehört werden und SMS gelesen werden. Daten von konkreten Verdächtigen können »eingefroren«, das heißt so lange gespeichert werden, bis ein Ermittlungsverfahren beendet ist.

Manchmal kann dies eine alles entscheidende Hilfe sein, etwa als vor einigen Jahren in Österreich ein großer Hersteller durch die Vergiftung seiner Getränkegebinde in Supermärkten erpresst wurde. Erst durch die Lokalisierung, von wo SMS abgeschickt wurden, konnte der Erpresser schließlich durch die enge Zusammenarbeit von Polizei und Mobilfunker festgenommen werden, ehe jemand zu Schaden kam. Diese Möglichkeit der Ermittlung und Verfolgung verschließt sich jedoch der Polizei immer mehr durch die Verwendung von WhatsApp & Co. (auch darüber mehr in den folgenden Kapiteln).

Selbst wenn die Polizei ermächtigt wird, den Standort einer gesuchten Person zu ermitteln oder Telefonate mitzuhören: An den Schreibtischen im Kommissariat findet dies nicht statt, wie uns manche Sonntagskrimis suggerieren. Der Zugang zum Teilnehmer, dessen Daten überwacht und Gespräche belauscht werden sollen, muss zuerst vom »Interception Team« des Betreibers aktiviert werden. Dann werden diese Daten an eine zentrale Überwachungsstelle der Polizei ausgeleitet. Das Überwachungsteam des Betreibers selbst sieht und hört von der Überwachung nichts – dafür sorgen spezielle Verschlüsselungstechniken.

In Deutschland werden die Daten überwachter Teilnehmer an eines von neun Zentren geleitet, wo die weitere Bearbeitung durch die Ermittler erfolgt. In Österreich gibt es dafür ein polizeiliches Zentrum in der Meidlinger Kaserne in Wien. Dieses darf Information an jeweils eine Stelle bei den Landeskriminalämtern weitergeben. An dieser zentralen Stelle müssen die ermittelnden Beamten selbst vor den Bildschirmen sitzen, um im Falle eines Einsatzes Information telefonisch an die Einsatzkräfte weiterzugeben. Am Schreibtisch schnell nachschauen, wo der Täter sein könnte, oder dem pulsierenden Punkt auf dem Handy der Kommissarin folgen: Soviel Komfort gibt es nur im »Tatort«.

Was Mobilfunker wissen

Mobilfunker haben Daten darüber, wer ihre Kunden sind, wo sie unterwegs sind, mit wem sie telefonieren oder simsen und – im Falle eines genehmigten Lauschangriffs – was der Inhalt von Gesprächen und Texten ist. Wenn mobile Daten genutzt werden, werden auch IP-Adressen erfasst, die ein Nutzer ansurft. Die Inhalte – welche Seiten angesehen wurden oder wonach gesucht wurde – sind dem Betreiber nicht bekannt, da sie meist verschlüsselt übertragen werden.

Gemessen an der Information, die ein Smartphone über viele Details der Nutzung erzeugt, sind die Daten der Mobilfunker relativ bescheiden. Und sie unterliegen im Rahmen eigener Gesetze strenger Regulierung, anders als die von Konzernen wie Google oder Facebook erfassten Daten. Durch Akzeptanz der AGBs (Allgemeinen Geschäftsbedingungen) erhalten diese Anbieter weitgehend freie Hand zur weiteren Verwendung.

Dennoch sind Mobilfunker für die Polizei die erste Adresse im Zuge von Ermittlungen, da bereits Rufnummerninhaber, Standorte und Verbindungsdaten sehr aufschlussreich sind. Auskunft gibt es nur auf staatsanwaltliche Anordnung mit richterlicher Genehmigung. Je nach Anordnung können dabei auch Inhalte ab dem Zeitpunkt der Genehmigung abgehört werden. Auskünfte werden rund um die Uhr von eigenen »Interception Teams« bei den Betreibern gehandhabt. Andere Mitarbeiter, etwa in Shops oder im Service, haben keinen Zugang zu diesen Daten.

Das Jesus-Phone

Zweites Kapitel, in dem wir erfahren, wie durch das Internet am Schreibtisch unser geliebtes Handy in die Krise gerät. Worauf ein kalifornischer Messias mit einem »revolutionären Produkt« und einem bunten Blumenstrauß an Apps erscheint, die uns künftig auf allen Wegen begleiten werden.

Die Stagnation

Manchmal kann man am eigenen Erfolg scheitern. Unter unangefochtener Führerschaft von Nokia hatte das Handy geschafft, was noch keiner Technologie davor gelang: Eine de facto 100-prozentige Marktsättigung in einer Dekade. Epidemiologen kennen das Phänomen, dass grassierende Seuchen besonders aggressiver ansteckender Krankheiten wieder zusammenbrechen, sobald der Krankheitserreger niemanden mehr findet, den er noch anstecken kann. Darum zeichnete sich am Handymarkt Mitte der 2000er-Jahre das Abklingen der Manie ab, nachdem ein Handy (fast) in jeder Hand und jeder Tasche war.

Der weltweite Verkauf stagnierte, die Geräte wurden nicht mehr so häufig durch neue Modelle ersetzt wie noch zur Jahrtausendwende. Prominente Hersteller wie Ericsson, Siemens oder Alcatel zogen sich aus dem Handymarkt zurück. Hitziger Wettbewerb sorgte für billigere Gesprächsgebühren.

Gut für Konsumenten, schlecht für Mobilfunker: Die Umsätze, die zuvor in den Himmel zu wachsen schienen, begannen zu schrumpfen.

Handys waren jetzt im Alltag allgegenwärtig. Mit einer Vielzahl an Klingeltönen hatten sie das Ende des guten alten Festnetztelefons eingeläutet. In den Haushalten wurden Telefonanschlüsse abgemeldet, eine Festnetznummer war ein Zeichen fortgeschrittenen Alters. Telefonbücher verschwanden aus Büros und Wohnungen.

Ein Grund für die nachlassende Liebe: Handys schafften es nicht, mit der anderen rasanten digitalen Entwicklung dieser Jahre mitzuhalten, dem Internet. Mail hatte schon vor der Jahrtausendwende Brief und Fax weitgehend abgelöst. Das Zeitwort »googeln« wurde bereits 2004 durch Aufnahme in die 23. Auflage des Duden geadelt. Printmedien kämpften gegen Einkommens- und Bedeutungsverlust durch junge Onlinemedien an und kannibalisierten sich selbst mit Gratisausgaben. Amazon wurde zum Schrecken des Handels, Facebook begann sich im Freundeskreis breit zu machen. Ein Drittel der Bankkunden nutzte schon Onlinebanking. Von YouTube bis Spotify breitete sich Streaming von Video und Musik anstelle von Downloads aus. Aber zu dieser neuen digitalen Affäre war ein PC nötig. Die exorbitanten Datenpreise der Mobilfunker verhinderten, dass Internet am Notebook außerhalb vom WLAN im Café populär wurde. Natürlich versuchten die Handyhersteller mitzuhalten. Als »MMC«, Multimedia-Computer, propagierte jetzt Nokia seine internetfähigen Handys. Damit wollten die Finnen der Kundschaft beibringen, dass sie alle Segnungen des Internets auch am Handy nutzen konnten. Vor allem Musik, was mit der Erfindung des iPods 2001 und seines Musikdienstes iTunes unangefochten die Domäne von Apple geworden war. Später wurde diese aufgemotzte Handy-Generation »Feature-Phones« getauft. Dank billiger Preise sind sie heute noch in Ländern der Dritten Welt beliebt.

Aber mit Ausnahme von E-Mail am BlackBerry und am Nokia Communicator gelang es nicht, das Handy zu einem Teil des Internetbooms zu machen. Statt wie bisher zu emotionalisieren, wurde das Publikum mit technoiden Kürzeln bombardiert, wie WAP, UMTS, MMS oder DVB-T (Auflösung: Wireless Application Protocol, Universal Mobile Telecommunications System, Multimedia Messaging Service, Digital Video Broadcasting Handheld). So kompliziert wie die Abkürzungen waren Einstellungen, Menüs und Bedienung des Internet in der Tasche. Die Geräte waren eben in erster Linie zum Telefonieren und für SMS-Texte gemacht – der schrittweise Umbau zu »Multimedia-Computern« überforderte die technische Basis und die Kunden.

Berührende Revolution

Doch Erlösung war in Sicht und sie kam von keinem der »üblichen Verdächtigen«, wie Steve Jobs vor tausenden Fans Anfang 2007 die Branchenriesen des Handymarkts auf der Bühne des jährlichen Apple-Hochamts »Macworld« spöttisch abkanzelte. Dank der Rückkehr seines charismatischen Gründers in den 1990er-Jahren hatte Apple ein beachtliches Comeback geschafft. Mit dem MP3-Player iPod und der Musikbibliothek iTunes hatte Jobs die Musikindustrie auf den Kopf gestellt. Auf der Gerüchtebörse wurde seit langem ein Apple-Handy gehandelt. Ein Motorola-Handy mit integriertem iTunes war bisher der einzige Ausflug in diesen Bereich geblieben. Nokia hatte Grund, der Herauforderung gelassen entgegen zu blicken: Mit 50 Milliarden Euro Jahresumsatz und 437 Millionen verkauften Handys jährlich waren die Finnen mehr als doppelt so groß wie Apple.

All das hinderte Jobs nicht an vollmundigen Ansagen. »Von Zeit zu Zeit gibt es ein revolutionäres Produkt, das alles verändert«, leitete er seine mehr als einstündige Show ein. Der Mac habe nicht nur Apple, sondern die ganze Computerindustrie transformiert. Der iPod krempelte Musikkonsum samt Musikbranche um. Und jetzt bringe Apple »gleich drei neue revolutionäre Produkte« auf einmal auf den Markt: Einen iPod mit großem Touchscreen, ein revolutionäres Mobilfunkgerät und einen »sensationellen Internet-Kommunikator« – »es sind drei Geräte in einem, und wir nennen es das iPhone«.

Noch mehr als ein Jahrzehnt später ist die Präsentation des ersten iPhones ein überragendes Ereignis. Im Rückblick lässt sich sagen, dass Jobs sein Versprechen vom »revolutionären Handy« gehalten hat. In seiner Keynote (weiterhin auf YouTube) führt er vor, wie schon wenige Jahre später die meisten Menschen ihre Handys benutzen würden, gleich ob iPhone oder Geräte mit Googles Android.

Anstelle einer fixen Plastiktastatur tritt das Touch Display: Ein Bildschirm wie die grafische Benutzeroberfläche des Computers, mit Fingern statt einer Maus zu bedienen. Durch den Entfall der Tastatur wird das Display größer, Bildschirm-Tasten erscheinen je nach Notwendigkeit und passen sich dem jeweiligen Programm an – der »App«. Bilder und Texte werden durch Auseinanderziehen zweier Finger vergrößert, durch zusammenzwicken verkleinert. Mit dem Finger von links nach rechts wischen, um das Gerät zu entsperren (womit Apple später ein Patentverfahren gegen Samsung gewinnen sollte) oder von einem Bild zum nächsten zu kommen. Von oben nach unten »scrollen«, um am iPod durch die Songs zu »blättern«, oder auf einer Webseite weiter zu gelangen. Telefonnummern auf einer Webseite antippen, um einen Anruf zu machen. Webbrowser und Mailprogramm, wie es Benutzer vom Computer gewohnt waren. Google Maps, um den Weg zu finden. Ein einziger Home Button, um wieder an den Anfang zurückzukehren, wenn man sich in den Apps

verirrt hatte. Mit Sonderapplaus bedacht: Ein separater kleiner Schalter, um Klingeln zum falschen Zeitpunkt sofort ab-
drehen zu können. Und dazu den iPhone-Klingelton, der bald
so bekannt sein sollte wie davor die Nokia-Tunes.

Es ist bemerkenswert, wie Steve Jobs mit dieser Vorfüh-
rung im Jahr 2007 die neue Welt der Smartphones so defi-
nierte, wie sie bis heute funktioniert. Erstaunlicherweise
kamen in dieser Premiere zwei essenzielle Bausteine unserer Smartphones zu kurz. Das war einerseits Fotografie
am Handy: Zwar zeigte Jobs die iPhone-Foto-App und die
integrierte 2-Megapixel-Kamera. Aber zu Recht hätte er bei
seiner Einführung auch digitale Fotografie auf seine revolutionären Fahnen heften können. Nokia hatte dies zuvor
durch eine Kooperation mit dem deutschen Traditionsher-
steller von Präzisionsoptiken Zeiss probiert. Doch die Daten
von Fotosites wie Flickr zeigten bald, dass sich die (noch
vergleichsweise inferiore) Kamera des iPhones rasch an die
Spitze aller geknipsten Bilder setzte. Einfache Benutzung
zählte mehr für den Erfolg als technologische Überlegen-
heit.

Andererseits fehlte jeder Hinweis auf einen App-Store und
damit auf die schier unbegrenzten weiteren Verwendungs-
möglichkeiten für das iPhone, die Abertausende von Apps
bald eröffnen sollten. Gerade darin lag das »Revolutionäre«
der neuen Handygeneration: Durch Apps können sie sich immer wieder neu erfinden. Ein Jahr später, im Sommer 2008,
sollte schließlich der App-Store mit 500 Angeboten seine

virtuellen Tore öffnen. Heute werden über zwei Millionen Anwendungen angeboten, zu denen täglich Hunderte neue kommen.

Der Rest ist Geschichte. Bei der Apple-Messe, bei der Jobs die Revolution verkündete, konnte das iPhone nur als sakrales Kultobjekt hinter Glas bewundert werden, wie Kronjuwelen geschützt. Bis zum Sommer 2007 durfte kein Sterblicher Hand an das Wunderwerk legen. Wie das Stehplatzpublikum bei Ballettvorstellungen der Wiener Staatsoper warteten schließlich tausende Fans in einer Juni-Nacht vor Verkaufsbeginn vor den amerikanischen Apple-Stores, um die Segnungen des von Medien nur halb-ironisch »Jesus-Phone« getauften Geräts empfangen zu dürfen. Szenen, die sich in Hauptstädten rund um den Globus wiederholten.

Der Feind auf deinem Touchscreen

Doch jedem Anfang wohnt nicht nur ein Zauber, sondern auch der Kern eines späteren Rosenkriegs inne. In einer weitgehend vergessenen Szene der iPhone-Premiere hatte Google CEO Eric Schmidt einen Auftritt. Steve Jobs hatte voller Begeisterung zuvor Google Maps für das iPhone präsentiert, adelte es als eine unverzichtbare Anwendung des Internets in der Tasche und brachte das Publikum zum Lachen, als er den nächsten Starbucks auf der Karte suchte und dort anrief und »4000 Latte zum Mitnehmen« bestellte.

Jetzt durfte Schmidt zum Handshake auf die Bühne, Jobs und das iPhone preisen, um dann nahtlos zu Google Maps als zentralem Datenelement auf dem iPhone überzuleiten. »Wir könnten die beiden Firmen fusionieren und sie Applegoo nennen... aber mit Google am iPhone kommen wir zusammen, ohne zu fusionieren, und jeder tut dabei das, was er am besten kann«, sagte Schmidt, der damals Mitglied des Apple-Boards war (eine Mischung zwischen Vorstand und Aufsichtsrat). Im Kern erklärte Schmidt damit, was Googles alchemistisches Geschäftsmodell am Handy werden sollte: Daten aller Art aufzusaugen, um sie in Gold zu verwandeln.

»Aus Google Maps bekommen andere Apps Daten, so wie Maps Daten von diesen Apps bekommen. Das ist der Beginn einer ganz neuen Generation von Datendiensten, mit mächtigen Computern in der Cloud, die diese Daten nutzen können.« Beim ersten iPhone erlaubte dies solch nützliche, aber noch einfache Funktionen, wie eine Adresse aus dem Adressbuch mit einem einzigen Fingerdruck in Maps zu finden. Nur wenige Jahre später ermöglichte dies, dass Google praktisch über jede Bewegung eines Nutzers von Google Maps Bescheid weiß und diese Information mit anderen Daten verbinden kann – wonach bei Google gesucht wurde, welche Einkäufe jemand mit Gmail tätigte, welche anderen Apps benutzt werden (eine reiche Datenspur, der wir in den folgenden Kapiteln folgen werden).

Es war dies der letzte öffentliche Handshake zwischen Jobs und Schmidt. Hinter den Kulissen war Google längst

dabei, sein eigenes Betriebssystem für ein Smartphone zu
entwickeln. Bereits 2005 hatte Google Android samt seinem
Entwickler Andy Rubin gekauft, ein früherer Apple-Techni-
ker. Wenige Monate nach dem Verkaufsbeginn des iPhones
präsentierte Android seinen zum Verwechseln ähnlichen Ge-
genentwurf zum iPhone. 33 Firmen hatte der Suchmaschi-
nenkonzern um sich geschart, die auf Basis von Android
Smartphones bauen sollten. Im Herbst 2008, mehr als ein
Jahr nachdem das iPhone Schlagzeilen und Herzen erobert
hatte, kam das erste Android-Handy auf den Markt. Das als
T-Mobile G1 verkaufte Dream des taiwanesischen Herstellers
HTC war noch eine Art Hybrid aus alter und neuer Handy-
welt. Google Apps bestimmten das Angebot: Suche, Maps,
Mail, Kalender.

Der Premiere des Geräts waren Schreiduelle am Goog-
le-Campus in Mountainview zwischen Steve Jobs und Eric
Schmidt, den Google-Gründern Sergey Brin und Larry Page,
sowie Andy Rubin vorangegangen. Jobs wollte verhindern,
dass Google seine iPhone-Konkurrenz auf den Markt brachte,
bot für den Verzicht sogar prominenten Platz (und damit Er-
träge) für Google-Apps auf dem Startschirm des iPhones an.

Vergeblich. Aus der Freundschaft zur Geburt des iPhones
wurde eine epische Feindschaft. Nach und nach übernahm
Android so gut wie alle Funktionen des iPhones – Wischen,
Mehr-Finger-Touch, Apps in Rasteranordnung, einen App
Store namens Play Store (eine Konzession an Apples Urheber-
recht). 2010 kam das erste Samsung Galaxy auf den Markt,

die Reihe, die zum Hauptkonkurrenten des iPhones werden sollte und diesem zum Verwechseln ähnlich sah. Apple klagte umgehend gegen das Design. Und Apple klagte HTC – und damit Android wegen der Verletzung von 20 Patenten. Es war dies der Startschuss für eine Dekade an Patentprozessen, bei denen jeder jeden in der Industrie klagte und die Streitwerte in Milliarden beziffert wurden. Andy Rubin, der Android zum überragenden Erfolg führte, verließ 2013 Google. Mit 90 Millionen Dollar auf dem Konto, aber nicht freiwillig, wie sich Ende 2018 herausstellte: Glaubhafte Vorwürfe sexuellen Missbrauchs führten zu seinem Abschied.

Am Erfolg von Android änderten all die Klagen nichts. So wie in den 1980er-Jahren Microsoft mit Windows den Mac kopiert hatte und hunderte Hersteller PCs bauten, für die eine Heerschar von Programmierern Software schrieben, machte sich jetzt Android auf dem Smartphone-Markt breit. Jedoch wiederholte sich die Geschichte nicht: Obwohl der Markt längst von Android zu 75 Prozent dominiert wird, geht der Löwenanteil der aus Smartphones erzielten Gewinne an Apple. Fast 90 Prozent des Nettoertrags landet in Apples Kassen, rechnen Marktbeobachter wie IDC. Bis zum Börsengang der saudischen Ölfirma Saudi Aramco Ende 2020 matchte sich Apple mit Microsoft um den Titel des wertvollsten Unternehmens der Welt mit einem Aktienwert von mehr als einer Milliarde Dollar.

G'schamster Diener

Das Smartphone öffnete eine Welt der Apps für alles und jedes. Webbrowser, Mail, Maps und das Wetter waren dabei nur der Anfang. Wir haben Apps, um Musik zu hören, und Apps, um Musik zu erkennen. Apps, um Pokémons zu jagen, und um zu schauen, wo das Flugzeug über uns herkommt. Apps, um den Partner fürs Leben oder einen One-Night-Stand zu finden. Apps, um den Menstruationszyklus zu kontrollieren. Apps für die optimale Bratzeit des Steaks. Apps für die Kundenkarte im Supermarkt und Apps für Online-Banking. Wir fotografieren unsere Speisen und posten, wir fotografieren uns selbst und posten, wir laufen und kaufen – und wir posten.

Durch verfeindete Schöpfer getrennt, in gemeinsamer Mission vereint: iPhone und Android bescherten der Liebe zu unserem Handy einen zweiten Frühling. Das Handy schmeichelte sich in die Rolle des unentbehrlichen und intimen Lebensgefährten ein. Hey Siri, ok Google: Unser Smartphone spricht jetzt sogar mit uns! Im Ton stets devot, auf gut österreichisch ein »g'schamster Diener«, der gehorsamste Diener. Dass dieser Diener insgeheim noch anderen Herrschaften dient, davon handeln die folgenden Kapitel. Waren es in der Anfangszeit des Handys »nur« der Standort und unsere Verbindungen, die das Handy verraten konnte, weiß das Smartphone über unser Leben in all seinen Facetten bestens Bescheid. »Always on« ist der Modus unserer Smartphones, die auch im Schlaf über uns wachen.

Die Namenswahl von Android gibt einen verräterischen Hinweis, welche Bedeutung seine Schöpfer dem Smartphone zugemessen haben: ein humanoider Roboter, der eines Tages nicht mehr vom Menschen zu unterscheiden ist. Die, der, das Androide begegnet uns bereits in Filmen und Fernsehserien in vielfacher Gestalt: Im Raumschiff Enterprise der Serie »Star Trek« als Sympathieträger namens Data; als Alptraum in Form des unerbittlichen Terminators; im Ringen um menschliches Empfinden in der düsteren Zukunftsvision von »Blade Runner«. Wie jeder gute Androide will auch das Smartphone unser Alter Ego sein, ein unzertrennlicher Teil unseres Selbst, dem wir uns jederzeit anvertrauen. Früher hieß das »Liebes Tagebuch« und wurde in verschlossenen Laden aufbewahrt. Das Smartphone ist hingegen ein offenes Buch in einer Lade, für die viele einen Schlüssel haben.

Das menschliche »Screenome«

Wie verwachsen wir inzwischen mit unseren Smartphones sind, zeigt das Projekt »Human Screenome«, das die Stanford University Anfang 2020 startete. Es bezieht seinen Namen aus dem »Human Genome«-Projekt, mit dem das menschliche Genom entschlüsselt wurde, um daraus Therapien gegen Krankheiten und ein besseres Verständnis des menschlichen Verhaltens ableiten zu können. Mit der von Genom abgeleiteten Begriffsschöpfung »Screenome« meinen die

Forscher, dass unser Smartphone unser gesamtes digitales Leben spiegelt und eine genaue Kenntnis unseres Verhaltens wie mancher Krankheiten bringt. Damit sollen schädliche Auswirkungen unseres ständigen Handy-Gebrauchs vermieden oder zumindest verringert werden, positive gestärkt.

Alle fünf Sekunden macht im Rahmen der »Screenome«-Erforschung eine speziell entwickelte Software einen Screenshot – ein Bild des Displays – des Smartphones. Daraus entstehen täglich tausende Aufnahmen, und die Auswertung dieser Aufnahmen nach den unterschiedlichen Aktivitäten und verwendeten Medien soll die perfekte digitale »DNA« des Benutzers liefern. Selbst die Darstellung des »Screenome« gleicht dem Bild einer DNA-Analyse, mit kleinen Balken und Strichen im täglichen Zeitverlauf mit den unterschiedlichen Aktivitäten. Farbcodierungen geben einen raschen Eindruck: Je gelb-oranger das Bild, desto mehr bewegt sich der Benutzer im Bereich von Social Media, je blau-grauer das »Screenome«, desto mehr Aktivitäten widmen sich »seriöserem« Gebrauch wie Lernen, Werkzeugen für die Arbeit, Musik, Mail.

Damit solle es vor allem bei Kindern und Jugendlichen möglich sein, Entwicklungen zu verfolgen und allenfalls korrigierend zu intervenieren, so hofft Byron Reeves, einer der Studieninitiatoren. Die Beobachtung von »Screentime« alleine, die Zeit, die wir im Blick auf das Handy-Display verbringen, sei ein überholtes Konzept, denn die Zeitdauer alleine gebe keinen Einblick, wie sie genutzt wird. Das »Screenome« könne hingegen zwischen förderlichen und schädlichen Einflüssen unterscheiden. Und aus dem Verhalten könnten Hinweise auf Erkrankungen abgeleitet werden.

Die Kehrseite der guten Intention ist die völlige Überwachung von Menschen mit Hilfe ihres Handys – denn unser digitales Leben ist heute ein weitgehend vollständiges Abbild unseres realen Lebens. Im Laufe eines Tages wird im Zeitraffer alles erfasst, von persönlichen Chats, vertraulicher Mail, Bankverkehr, sämtliche Schauplätze des täglichen Lebens vom Büro bis zum Supermarkt und dem Wohnort, Fotos und Videos, Medienkonsum, bis hin zu ungesetzlichen Aktivitäten. Ganz nebenbei liefert das Forschungsprojekt Software, die diese vollständige Überwachung ermöglicht: Eine gefährliche Waffe in den Händen unbefugter Benutzer.

Digitale Hygiene

Mit ihren Kameras, vielfältigen Sensoren und Millionen Apps sind Smartphones zu universellen Datensammlern aus allen Lebensbereichen geworden. Wer glaubt, das Ziel persönlicher Ausforschungen zu sein oder zur Paranoia neigt, kann eigentlich nur durch den Verzicht auf das Handy möglichen Datenmissbrauch vermeiden (es bleiben die Daten, die beim Mobilfunker anfallen). Wer hingegen nicht auf sein Smartphone verzichten will, dem empfiehlt sich ein Mindestmaß digitaler Hygiene.

Die beginnt mit der Entscheidung für das eine oder das andere Betriebssystem, Apple (iOS) oder Google (Android). Sicherheitsexperten wie Kaspersky Labs geben Apples geschlossenem iOS eindeutig bessere Noten beim Schutz vor Schadsoftware als der Google Open-Source-Software Android. Auch würde Android einem Hacker, dem es gelingt einzubrechen, mehr Möglichkeiten zum Datendiebstahl geben.

Die Grundregel für beide Systeme heißt, das Betriebssystem (iOS bzw. Android) immer aktuell zu halten und angebotene Updates zu installieren. Dasselbe gilt für Apps, deren mögliche Schwachstellen für Angriffe genutzt werden können. Regelmäßiges und promptes Aktualisieren aller Apps sollte darum eine selbstverständliche Routine sein.

Schließlich empfiehlt sich – wie am Computer – die Installation von Sicherheitssoftware bekannter und anerkannter Hersteller wie Kaspersky oder Norton, die weitgehenden Schutz vor Viren und anderen Angriffen durch Hacker bieten.

Wo waren Sie gestern Abend?

Drittes Kapitel, in dem wir uns darüber freuen, wie wir uns dank unseres Smartphones nie wieder verirren, abkommen und ganz überrascht sind herauszufinden, dass unsere Wege nie wieder unser persönliches Geheimnis bleiben, die Polizei einen neuen Informanten hat und wir manchmal sogar mit dem Spion unter einem Dach leben.

Der Wegweiser

»Location, location, location«: Das war lange Zeit die Antwort auf die Frage, welches die drei wichtigsten Erfolgsfaktoren bei der Gründung eines Geschäfts sind. Dort sein, wo Ihre Kunden sind: Für Geschäftsleute ist das bereits die halbe Miete.

Heute kann man getrost diese Antwort geben, wenn man nach dem Erfolgsgeheimnis von Smartphones gefragt wird: Location, location, location – und das gleich mal zwei. Zu den zentralen Funktionen eines Handys heute gehört es zu wissen, wo sich seine Besitzerin und sein Besitzer gerade aufhalten, bald aufhalten werden oder gestern, vorgestern und selbst vor langer Zeit aufgehalten haben. Viele Player haben enormes Interesse daran, dies zu erfahren. Denn wahlweise kann dieses intime Wissen unserer Lebensorte unserer Bequemlichkeit und Sicherheit dienen oder in Geld, Kontrolle und Macht eingewechselt werden.

Gegenüber seinen Benutzerinnen und Benutzern verschleiert unser allwissendes Smartphone seine beständige Schnüffelei damit, dass es uns als gefälliger Assistent stets zu Diensten ist. Landkarten sind schon lange abgeschafft, den Weg in den Urlaub und zur neuen Wohnung von Freunden weist das Smartphone, ein Insider in jeder Stadt und noch hinter den sieben Bergen. Wo ist die billigste nächstgelegene Tankstelle? Der bestbewertete Italiener in der Nähe? Die wichtigsten Sehenswürdigkeiten auf unserer Wochenend-Städtereise? Kein Problem, Google Maps weiß die Antwort.

Präzise Lokalisierung am Smartphone und einer wachsenden Zahl weiterer digitaler Gadgets wie Smartwatches, selbstverständlich gewordene Wunderwerke digitaler Technologie, ist eigentlich das Abfallprodukt zweier Erfindungen. Das eine ist das weltweite US-Satellitensystem GPS (Global Positioning System), ein Kind des atomaren Wettrüstens zwischen den USA und der UdSSR. In den 1960er-Jahren experimentierte die US Navy damit, mit Hilfe von Satelliten den genauen Standort ihrer atomaren U-Boote zu bestimmen, um Raketen präzise lenken zu können. Drei Satelliten sandten zur exakt selben Zeit jeweils ein Signal aus, das aufgrund der unterschiedlichen Distanz der Satelliten von den U-Booten mit minimalem Zeitunterschied empfangen wurde. Da die Position der Satelliten bekannt ist, lässt sich aus den Zeitdifferenzen beim Empfang der eigene Standort errechnen – die Geburt von GPS.

1993 wurde ein weltumspannendes System von 24 Satelliten in Betrieb genommen. Was wenig bekannt ist: Bis heute wird GPS von der US Air Force betrieben. Quasi als Friedensdividende zum Ende des Kalten Krieges wurde die zivile Nutzung von GPS freigegeben. Es wurde zur Sternstunde von »Sat-Nav«, wie die Navis im Englischen genannt wurden, bald verbunden mit einer Unzahl skurriler Anekdoten was passierte, wenn Autofahrer der neuen Erfindung »blind« vertrauten: LKW, die auf Feldstraßen stecken blieben, oder halsbrecherische Wendemanöver in engen Tunnels auf Anweisung des Navis. Die europäische Unabhängigkeitserklärung von GPS erfolgte erst spät, bis 2021 soll das Satellitennavigationssystem Galileo der EU vollständig sein. Bis dahin stützt es sich auf zusätzliche Signale von russischen (Glonast) und chinesischen Satelliten (Beidou). Immerhin eine Milliarde Smartphones sollen inzwischen nebst GPS auch Galileo verwenden.

Etwa gleichzeitig mit GPS fand eine andere Erfindung fast über Nacht ihre massenhafte Anwendung: GSM, das »Global System for Mobile Communications«, das die Basis für den weltweiten Siegeszug von Handys legte. Für die allererste Generation des Mobilfunks, schwere und kaum tragbare Geräte, musste man wissen, in welcher Funkzelle sich ein Empfänger aufhielt, wenn man anrufen wollte. Wie Städte hatte jede einzelne Funkzelle eine eigene Vorwahl. GSM brachte ein wesentlich dichteres Funkzellennetz und den ständigen stillen Kontakt zwischen Handy und den Funkzellen in seiner Umgebung. Das Handy nutzte das jeweils stärkste Signal, und zwischen den Funkzellen kam es zu einem »Handover«, wenn ein anderes Signal stärker war, der Empfang dadurch besser.

Damit zog Lokalisierung ins Handy ein, wenn auch ungenauer als bei GPS-Navigation. Von da weg dauerte es nicht mehr lange, ehe Techniker und Marketing-Menschen von Ericsson, Motorola und Nokia, dem einstigen Dreigestirn der Handy-Revolution, Ideen zur Nutzung der Ortskenntnisse des Handys entwickelten. Die ersten kommerziellen Anwendungen dieser »Location Based Services« waren die Überwachung beweglicher Güter, am Handy ein »Friend Finder«, und örtliche Wetterprognosen auf einem »Palm« – längst vergessener Vorläufer unserer Smartphones.

Smartphones mit Google Maps oder Apple Karten haben Navigationsgeräte fast völlig aus dem Alltag verdrängt. Online-Navigation beherrscht viele Tricks, mit denen Navis nicht mithalten konnten. Es braucht kein eigens zu ladendes Kartenmaterial mehr, und Karten können tagesaktuell Änderungen im Straßennetz berücksichtigen. Dank der Live-Daten Millionen anderer Handybenutzer weiß das Smartphone, wo es auf der Route staut und bietet Alternativen an. In Verbindung mit unserem Kalender erinnert es daran, rechtzeitig zum nächsten Termin aufzubrechen – oder etwas früher nach Hause zu fahren, weil gerade wenig Verkehr ist.

Der Spitzel

Wer käme bei so viel hilfreicher Handreichung schon auf die Idee, dass unser Smartphone noch anderen dienen könnte als nur seinem Besitzer? Da ist in erster Linie das Unternehmen, das uns diese Bequemlichkeit frei Haus auf unsere Handys liefert: Google. Im Gegenzug dafür, dass uns der kalifornische Online-Riese in aller Welt jederzeit aktuelle Karten, gespickt mit Informationen über Restaurants, Büros, Tankstellen, Hotels und Sehenswürdigkeiten unentgeltlich zur Verfügung stellt, nimmt sich Google »nur« eine Kleinigkeit heraus: Das Wissen, wann und wo wir uns gerade aufhalten.

Würden wir davon erfahren, dass der Arbeitgeber oder ein Nachbar rund um die Uhr alle unsere Bewegungen heimlich aufzeichnet, würden wir lautstark protestieren, persönliche Beschwerde führen, den Betriebsrat einschalten, Anzeige erstatten und auf eine Vernichtung dieser Aufzeichnungen drängen. Als auf Basis einer EU-Richtlinie Mobilfunkbetreiber gesetzlich zur »Vorratsdatenspeicherung« – darunter die Standortdaten ihrer Kunden – in Deutschland ab 2008, in Österreich ab 2012 gezwungen wurden, waren darum Kritik und Empörung der Zivilgesellschaft verständlicherweise groß.

Für den Zeitraum von zwei Jahren mussten Mobilfunker alle Verbindungs- und Bewegungsdaten speichern. Diese Daten mussten mit richterlicher Genehmigung für polizeiliche Ermittlungen bekannt gegeben werden. Die breiten Proteste gegen diese Überwachung waren in kürzester Zeit erfolgreich: Bereits 2014 kippte der Europäische Gerichtshof aufgrund einer Klage aus Österreich die Vorratsdatenspeicherung als Verstoß gegen die Grundrechte der EU-Bürger. Die gesammelten Daten mussten umgehend gelöscht werden.

In Anbetracht dieser erfolgreichen zivilgesellschaftlichen Revolte zum Schutz unserer Privatsphäre ist umso erstaunlicher, dass Google in all diesen Jahren seinen Sammeleifer ungestört weiter betreiben und ausbauen konnte. Dabei speichert Google nicht nur die Bewegungsdaten seiner Benutzer, sondern eine Unzahl weiterer Informationen, die weit über die Vorratsdatenspeicherung hinausgeht. Je nachdem welche weiteren Google-Angebote benutzt werden, wächst das individuelle Datenprofil in den unermesslichen Tiefen von Googles Datenspeichern.

Die beste Tarnung ist offenbar Sichtbarkeit vor aller Augen, denn die Sammelaktivität von Google passiert nicht heimlich. Seit 2009 bietet der Onlinedienst seinen Benutzern treuherzig jederzeit den Blick auf ihre »Location History«: Die Zusammenfassung aller Orte, an denen man sich je bewegt hat, wenn das Handy dabei war und Ortungsdienste nicht abgedreht waren, was offenbar die wenigsten Menschen machen. Als besonderes Service schickt Google seinen Benutzern die monatliche Zusammenfassung per Mail zu: Schau! Vergangenen Monat waren wir hier auf Urlaubsreise! Diese Bilder haben wir gemacht! Wer würde dieses Service nicht als Bereicherung des Alltags empfinden.

All diese geografischen Daten landen in einem »Sensorvault« getauften System in Googles Rechnerfarmen, für immer und nicht nur für zwei Jahre gespeichert, wie bei der gekippten Vorratsspeicherung. Die Zustimmung seiner Benutzer erlaubt Google, unermüdlich alle diese Daten aufzusaugen – eine Zustimmung, die Handykunden bei der Vorratsdatensammlung freiwillig nie gegeben hätten. Dabei stimmen die Benutzer auch dem Weiterverkauf dieser Daten zu: Um eine App oder Webseite verwenden zu können, geben wir laufend unser »ok« zu seitenweisen Verträgen, ohne sie je gelesen oder gar verstanden zu haben. Der Handel mit Location-Daten aus mittlerweile fünf Milliarden Handys weltweit ist das lukrative Geschäft dutzender Firmen, von denen wir noch nie gehört haben und von denen wir noch im Schlusskapitel lesen werden.

Dabei könnten die Benutzer ihre Location History bei Google löschen, was aber nicht in großem Stil stattfindet. Für Google sind die Informationen über die Bewegungen seiner Benutzer bare Münze. In erster Linie wird daraus Anzeigengeld gemacht: Unternehmen zahlen dafür, ihre Werbung gebunden an Standorte zu platzieren, etwa wenn Restaurants, Dienstleistungen, Kinoprogramme oder Sehenswürdigkeiten in der Nähe gesucht werden.

Sagenhafte 247 Milliarden Dollar, 225 Milliarden Euro, werden im Jahr 2020 weltweit für Werbung auf Smartphones ausgegeben, zwei Drittel der gesamten Onlinewerbung. Marktforscher wissen, wie wirksam Lokalisierung ist: 88 Prozent der Suchen nach einem örtlichen Geschäft führen innerhalb von 24 Stunden zu einem Besuch, 18 Prozent zu einem Kauf, hat die Plattform »Social Media Today« erhoben. Dementsprechend soll der Anteil mobiler Werbung auf Basis von Lokalisierungsdaten in den USA bereits 45 Prozent ausmachen, rechnet Marktforscher BIA Kelsey. Die größten Gewinner sind dabei Anbieter mit den meisten Ortsdaten ihrer Benutzer, und das sind: Google vor Facebook, die sich gemeinsam weit mehr als die Hälfte dieses milliardenschweren Kuchens teilen. Je genauer diese Ortsdaten mit zusätzlichen Informationen – Interessen, Alter, Geschlecht, Einkaufsverhalten – angereichert werden können, desto lauter klingeln die Kassen bei den Onlinegiganten.

Der Kommissar

»Wo waren Sie vergangenen Montag zwischen 22 und 2 Uhr?« Eine Standardfrage mit variablen Zeiträumen in jedem Fernsehkrimi, im Laufe von 45 Minuten wahrscheinlich mindestens fünfmal gestellt, um Verdächtige und Verbrechen in Zusammenhang zu bringen und so den Täter dingfest zu machen. Einer, der diese Frage für viele Menschen mit großer Sicherheit beantworten kann, ist Google.

Was die Vorratsdatenspeicherung der Polizei nicht brachte, liegt im »Sensorvault« des Onlinegiganten: Die größte Vorratsdatenspeicherung der Welt, selbst wenn sie nicht in erster Linie für Ermittlungszwecke, sondern für vielleicht nervige, jedoch meist harmlose Werbung angelegt wurde. Die riesige Sammlung an Lokalisierungsdaten aus aller Welt ermöglicht es, Verdächtige ebenso wie mögliche Zeugen aufzuspüren. Anders als die sprichwörtliche Suche nach der Stecknadel im Heuhaufen ist dies dank effektiver Algorithmen, lernender Maschinen und enormer Rechenleistung bald fast so einfach wie eine Google-Suche. Nach der Entdeckung von Fingerabdrücken und DNA, unseren genetischen Fingerabdrücken, sind Lokalisierungsdaten möglicherweise die nächste große Wunderwaffe im Arsenal von Polizei und anderen Ermittlern. Mit dem Potenzial, aufgrund unterschiedlich interpretierbarer Ergebnisse auch unschuldige Personen in große Bedrängnis zu bringen.

Wie nahe bei diesem Verfahren Versprechen und Irrtum (noch) zusammenliegen, zeigt ein Mordfall in einem Vorort der Stadt Phoenix in Arizona. Dort wurde Ende 2018 der Mitarbeiter eines Warenlagers verhaftet: Seine Handydaten lokalisierten den Verdächtigen, Jorge M., zur Tatzeit an dem Ort, wo einige Monate davor ein Radfahrer erschossen wurde. Niemand war an dem Abend in der einsamen Wohngegend unterwegs oder hatte etwas bemerkt. Auf Basis eines gerichtlichen Durchsuchungsbefehls erhoben die Ermittler bei Google, welche Daten im Umkreis des Tatorts zum fraglichen Zeitpunkt aufgezeichnet wurden. Dazu kam eine Handvoll anderer Indizien: Auf einem Überwachungsvideo war ein weißer Honda Civic zu erkennen, von dem aus auf den Radfahrer geschossen wurde. Zwar konnte die Nummerntafel nicht identifiziert werden, aber der Tatverdächtige besaß ein Auto gleichen Typs. Und am Tag nach dem Mord googelte Jorge M. nach Nachrichten über die Tat, was aus seinem Suchverlauf hervorging.

So schien ein schwieriger Fall ohne Tatzeugen dank des Google-Fangnetzes doch noch gelöst. Aber eine Woche nach seiner Verhaftung wurde M. aufgrund weiterer Erkenntnisse wieder freigelassen. Eine Freundin gab ihm ein glaubwürdiges Alibi, das durch Textnachrichten mit verschiedenen Empfängern zum betreffenden Zeitpunkt bestätigt wurde. Der weiße Honda? Den lieh M. immer wieder einem Ex-Freund seiner Mutter. Die Lokalisierungsdaten? Aufgrund der Datensuche fanden die Ermittler heraus, dass sich ihr Hauptverdächtiger wiederholt auf ausgeborgten Geräten von Freunden in seinem Google-Account einloggte – womit Google ein und dieselbe Person gleichzeitig an mehreren Stellen verorten kann. Jedenfalls wurde kurz darauf der Ex-Freund der Mutter in einem anderen Bundesstaat verhaftet. Das Verfahren war bei Redaktionsschluss noch nicht abgeschlossen.

Obwohl ein offenes Geheimnis, sind die Ermittlungsbehörden in den USA erst in jüngster Zeit auf diesen enormen Datenschatz gestoßen. 2017 – acht Jahre, nachdem Google allen Benutzern ihre persönliche Location History zugänglich machte und damit sonnenklar war, über welch umfangreiche persönliche Informationen das Unternehmen verfügte – wurde bei zwei Morden in Raleigh, North Carolina, erstmals ein Durchsuchungsbefehl für Google-Daten ausgestellt. In dem seither als »Geofencing« (ein virtueller geografischer Zaun) bezeichnetem Verfahren werden alle Gerätedaten angefordert, die es für einen bestimmten Zeitpunkt und genau definierten Umkreis eines Tatorts gibt. Diese Daten werden anonym übergeben, dann sind weitere Indizien erforderlich, damit zu konkreten Daten der dazugehörige Benutzer bekannt gegeben wird – wozu manchmal erneute richterliche Zustimmung erforderlich ist.

Seit jener Premiere soll sich die Zahl der Durchsuchungen schlagartig erhöht haben, erhob die »New York Times« in einem Bericht über die Nutzung von Lokalisierungsdaten durch die Polizei. Bekannt wurde 2018 unter anderem der Fall einer Serie von Bombenanschlägen in Austin, Texas, bei denen die Ermittler gleichfalls mit Lokalisierungsdaten arbeiteten – letztlich sprengte sich der Verdächtige selbst in die Luft, nachdem er sich entdeckt fühlte. Inzwischen soll es bis zu 180 Anfragen in strafrechtlichen Ermittlungen geben, erzählte ein Google-Mitarbeiter den Reportern des renommierten Blattes.

Google selbst legt zwar in seinem Transparenzbericht die Gesamtzahl der diversen Auskunftsersuchen von Behörden offen, aber nicht, ob damit strafrechtliche Ermittlungen unterstützt wurden oder wie groß diese Zahl wäre. In Österreich gab es im ersten Halbjahr 2019 insgesamt 257 Ansuchen, bei denen in drei Viertel aller Fälle die Benutzerdaten bekannt gegeben wurden. In Deutschland nehmen Behörden dies wesentlich stärker in Anspruch: Von rund 10.000 Benutzern wollten deutsche Behörden deren Daten, die sie in 68 Prozent der Fälle erhielten. Die heimischen Ermittler dürften bisher noch nicht versucht haben, mit Google-Geodaten zu arbeiten, zumindest wurde dazu noch kein Fall bekannt. In den USA wurde bisher einzig Google mit Durchsuchungsbefehlen konfrontiert, ein klarer Hinweis auf das allumfassende Wissen des Onlineunternehmens. Apple soll nach eigenen Angaben zu solchen Suchen nicht in der Lage sein.

Wenn Smartphones mit ihren Lokalisierungsdaten einerseits zur Ausforschung von Verdächtigen oder Zeugen beitragen können, können sie andererseits zu Entlastungszeugen werden. »Ich war alleine zuhause und habe geschlafen«: Gilt in jedem Krimi als verdächtige Aussage, jedenfalls kaum als brauchbares Alibi. Wenn es kein Mensch oder kein glaubwürdiger Zeuge bestätigen kann, kann das Alibi von einem unbestechlichen Beobachter kommen: unserem Handy.

Dabei ist die Frage zu klären, ob wir tatsächlich dort waren, wo unser Smartphone war. Oder wie im Fall von Jorge M.: Wer das Smartphone zum fraglichen Zeitpunkt wirklich benutzt oder bei sich geführt hat. Um dies zu erkennen, können weitere Daten dienen, wie die mit unserem Smartphone verbundenen Geräte. Eine verbundene Smartwatch wie Fitbit oder die Apple Watch kennen unsere Herzfrequenz, können damit Hinweise geben, ob wir zum Beispiel geschlafen haben, während das Gerät über Bluetooth mit dem Handy gekoppelt ist. Smartphones werden häufig mit Fingerabdruck oder per Gesichtserkennung entsperrt, gleichfalls eine Möglichkeit, Gerät und Benutzer zu bestimmten Zeiten miteinander zu verbinden. Neuere Verfahren zur Benutzererkennung können anhand des charakteristischen Gangs, dem Muster beim Tippen am Display, der Druckstärke unserer Finger am Display und anderen Merkmalen erkennen, ob das Gerät tatsächlich von seinem befugten Besitzer oder Benutzer verwendet wird – ein Verfahren, das digitale Phänotypie genannt wird und im medizinischen Bereich neue Diagnosemöglichkeiten eröffnet (mehr darüber im achten Kapitel).

Auch diese Form der Zuordnung von Menschen zu ihrem Smartphone ist eine Münze mit zwei Seiten: Die eine Seite kann einen potenziell Verdächtigen entlasten. Die andere Seite ist: Herr Inspektor, mein Handy wurde mir gestohlen – diese Ausrede lässt sich bald entkräften, wenn das Gerät nicht wirklich gestohlen wurde.

Das virtuelle Kuschelmonster

Im Sommer 2016 brach plötzlich fast gleichzeitig in den USA, Australien, Japan und Europa eine bislang unbekannte Epidemie aus. Vorwiegend junge Menschen liefen und stolperten, Smartphone mit angeschlossenem Akkupack in Augenhöhe, weltweit durch Stadt und Land auf der Jagd nach virtuellen Monsterchen namens Pokémon. Die Ursache der bald Pokémanie getauften Epidemie: Die Freigabe von

Pokémon *Go* zum Download, ein Smartphone-Spiel auf Basis des populären Spiels des japanischen Herstellers Nintendo.

In einer Art globalen Schnitzeljagd machten sich die Teilnehmer auf den Weg, ausgestattet mit ihren Smartphones und »augmentierter Realität«, um möglichst viele unterschiedliche kleine Monster – Pokémons – zu sammeln. Über 150 verschiedene Arten von Pokémons gibt es, und für jedes eingefangene werden unterschiedlich viele Punkte eingeheimst, mit denen man gegen andere Spieler antritt. Die für das Auge unsichtbaren virtuellen Monster waren zuvor von unterschiedlichen Spielorganisatoren auf der digitalen Landkarte platziert worden: Auf Plätzen, vor Häusern, in Parks, Gärten, Sehenswürdigkeiten. Sichtbar wurden sie ausschließlich durch die Pokémon-Go-App am Smartphone, als ob man unsichtbare Tinte durch Erwärmen eines Blattes zum Vorschein bringt.

Pokémon Go, in wenigen Tagen zig-Millionen Mal heruntergeladen und auf Handys installiert, erreichte binnen Kürze das Ausmaß einer von unsichtbarer Hand organisierten Massenhysterie. In Wien strömten an einem sonnigen Nachmittag tausende meist jugendliche Spieler in den Wiener Stadtpark auf der Jagd nach Pokémons, argwöhnisch flankiert von Polizeieinheiten, nachdem schon Tage davor das Denkmal des walzerseligen Johann Strauß mit Pokémon-Parolen besprayt worden war.

In Düsseldorf wurde die Giradet-Brücke vorübergehend zum bekanntesten Pokémon-Stopp des Landes: Über eine

Woche lang war hier der Asphalt zwischen den abertausenden Menschen nicht mehr sichtbar. Die Spieler schleppten verbotenerweise Parkbänke auf die Brücke, die Stadtverwaltung ließ mobile Toiletten und Mistkübel aufstellen, was an den wachsenden Müllbergen wenig änderte. Eine dringende Bitte der Stadtverwaltung an den Spieleentwickler Niantic, doch einige der Pokéstops – nur am Handy erkennbare Orte, an denen Pokémons digital platziert wurden – zu entfernen, um die Sicherheit von Menschen und Brücke zu gewährleisten, blieb unbeantwortet.

Bald gab es Warnungen vor möglichen Gefahren des lustigen Spiels, das von den Herstellern dafür gepriesen wurde, Jugendliche von ihren Bildschirmen im verdunkelten Kinderzimmer an die frische Luft und zu Bewegung zu locken. Die Nebenwirkungen der Outdoor-Aktivitäten waren erheblich: Unfälle, weil durch den Blick auf das Handy Hindernisse, Autos, oder gefährliche Orte nicht rechtzeitig erkannt wurden. Jugendliche, deren teure Smartphones von Banden gestohlen wurden. In einem pädagogischen Blog fand sich unter anderem die eindringliche Mahnung: »Lass dich nicht zum Einkaufen verleiten!« »Findige Geschäftsleute in den USA« hätten bereits entdeckt, dass sie Pokéstops für ihre Geschäfte kaufen konnten, mit furchtbaren Folgen: »... und so verlockt die Pizza am Pokémon-Stopp den/die Spieler/in zum Kauf«.

Der Pizza-Kauf beim Pokéstop: Das war keine zufällige Entdeckung »findiger Geschäftsleute«, sondern der eigentliche Sinn der Erfindung, sagt Shoshana Zuboff, die seit vielen Jahren an der Harvard Business School das Geschäftsmodell der Digitalisierung kritisch beleuchtet, zuletzt in ihrem fundamentalen Buch »Das Zeitalter des Überwachungskapitalismus«. Pokémon Go geht einen entscheidenden weiteren Schritt bei der Verwertung der Daten, die unsere Smartphones emsig im Auftrag fremder Meister einsammeln: Es verändert Verhalten, statt nur Verhalten zu protokollieren.

Während Lokalisierungsdaten derzeit in erster Linie dazu verwendet werden, um zum Standort passende Werbung auszuspielen, schubst Pokémon Go seine Spieler in die von Werbekunden erwünschte Richtung. Wie eine Herde werden wir so auf der Jagd nach dem reichsten Punktefang dorthin getrieben, wo eine Bar oder ein Fastfood-Restaurant in einen Pokéstop investiert hat. Statt »nur« unser Verhalten zu beobachten und dieses Wissen in Geld zu verwandeln, wird damit unser Verhalten gelenkt. Die Basis dafür liefert die reichhaltige Erfahrung der Industrie mit »Gamification«, der Nutzung unseres natürlichen Spieltriebes, um unsere Aktionen in eine bestimmte, von der Industrie erwünschte Richtung zu lenken.

Dieses Interesse ist aus der Eigentümerstruktur des Pokémon-Go-Entwicklers Niantic gut ersichtlich, sagt Zuboff. Mit 30 Millionen Dollar von Google und Nintendo ausgestattet, wurde das Startup von einem der besten Spezialisten für Lokalisierungsdaten gegründet: John Hanke, der zuvor Google Earth und Streetview entwickelt hat. Google Earth wiederum ist ein kommerzielles Abfallprodukt von Spionagesatelliten.

Ehe Hanke zu Google kam, gründete er Keyhole, ein Startup für Erdkarten und Erdfotografie, das von der CIA finanziert wurde, und aus dem später Google Earth wurde. Nachdem Streetview dank seines gigantischen Programms Fotos von Städten, Orten und selbst noch den entferntesten Teilen der Welt wie aus der Antarktis liefern konnte, Google Maps den Planeten mit GPS vermessen hatte, konnten darin leicht virtuelle Objekte wie Pokémons platziert werden: Am Smartphone werden sie dann eins. Wir können davon ausgehen, dass Pokémon Go sicher nicht die einzige Anwendung bleibt, die Menschen in erwünschte Richtungen steuern will.

Wer also die Erfolgsregel »Location, location, location« nicht ausreichend beachtet hat und sein Geschäft dort eröffnet, wo keine Kunden sind: Den bestraft nicht mehr der Misserfolg. Zusammen mit attraktiver Gamification werden Daten aus Lokalisierungen dabei helfen, scharenweise Kunden zu jedem erwünschten Geschäft zu treiben. So kommt Werbung einem alten Traum ihrer Propagandisten einen großen Schritt näher: Viel effektiver als nur zu »informieren« ist es künftig, Verhalten und Schritte der Benutzer mit Hilfe unserer Smartphones an den richtigen Ort zu lenken.

Googles Anzeigen-Geschäftsmodell »Cost per clicks« entwickelt sich damit wesentlich weiter: Bei Werbung im Zusammenhang mit einer Suche wird nur bezahlt, wenn sie angeklickt wird, was nicht gleichbedeutend mit einem Geschäftsabschluss ist (z.B. einem Pizzakauf). Daraus wird dank Pokémon Go das Modell »Cost per visit«, das höhere Effizienz für die Kunden verspricht, weil sie bei einem Besuch des Lokals eher eine Pizza kaufen als beim Anklicken der Werbung. Damit schließt sich der Geldkreislauf: Für Google bedeutet das höhere Gewinne.

Der Stalker

Misstrauen und Eifersucht können sehr unangenehme Folgen zeitigen. Während wir uns oft vor unbekannten Mächten fürchten, die unsere Daten ausforschen und missbrauchen könnten, leben wir oft mit dem Spion unter einem Dach. Vertraute Menschen in unserer unmittelbaren Umgebung, die sich dafür interessieren, wo wir denn eigentlich die Stunden nach der Schule oder nach der Arbeit verbringen, wenn wir nur schnell noch auf einen Drink mit Kollegen gehen wollen. Für die potenziellen Stalker auf Unis, im Büro, in der Familie und womöglich auf der anderen Seite unseres Bettes sind unsere Smartphones wie geschaffen, um alle unsere Wege auszuspionieren.

Zu wissen, wo der oder die andere ist, daran gibt es auch legitimes Interesse: Eltern wollen zu ihrer Beruhigung (und zur Kontrolle) wissen, wo sich der Nachwuchs befindet, der zwar fortgehen darf, sich jedoch an getroffene Vereinbarungen halten soll. Die besten Freundinnen und Freunde wollen nicht erst »Wo bist du gerade?« fragen, um ihre Treffpunkte zu koordinieren. Familien mit Kalendern, voller Schulveranstaltungen, Klavier- und Tennisstunden und Freizeitaktivitäten wollen den Überblick bewahren, um sich besser koordinieren zu können. Installateure, Elektriker und andere Betriebe mit viel Außendienst wollen wissen, wo ihre Mitarbeiterinnen und Mitarbeiter gerade stecken, um sie effizienter einsetzen zu können.

Vor dem Missbrauch unserer Standort- und Bewegungsdaten durch Fremde bieten uns Smartphones meist Schutz. Jedoch müssen wir selbst sorgfältig darauf achten, diesen zu aktivieren. Wir können unseren Apps verbieten, auf unseren Standort zuzugreifen, oder den Zugriff begrenzt gewähren. Wir können Kartenverläufe auf Google – unsere Location History – löschen, oder mit einiger Sorgfalt versuchen, anonym zu bleiben (schwierig). Mobilfunkbetreiber dürfen unsere Standortdaten nur streng kontrolliert bekannt geben: Zur Ausforschung eines Verbrechens nur mit richterlicher Genehmigung, bei einem Notfall nur an qualifizierte Notfallsorganisationen – Polizei oder Rettungsdienste. In diesem Fall wird anschließend dem Betreffenden per SMS mitgeteilt, dass seine Standortdaten einer Notfallsorganisation mitgeteilt wurden.

Vor der Schnüffelei durch vertraute Menschen sind wir hingegen verblüffend schlecht geschützt. Es muss dazu in der Regel nicht einmal irgendeine besondere App heimlich installiert werden. Es genügt, das Handy des Betreffenden für kurze Zeit unbeaufsichtigt an sich nehmen zu können. Vorausgesetzt man kennt den Code dazu, was in Beziehungen und unter Kollegen sehr häufig der Fall ist (wenn Ihre Beziehung nicht krisenfest ist, ist das jetzt der Zeitpunkt,

Ihren Zugangscode vom Geburtsdatum oder Hochzeitstag zu ändern und anschließend für sich zu behalten).

Wenige Minuten mit dem Smartphone unseres Partners oder unserer Partnerin genügen, um dafür zu sorgen, den Standort künftig zu erfahren. Das Stichwort dafür heißt häufig »Friends Finder«, die am Handy (meist) vorgesehenen Möglichkeiten, persönliche Bewegungsdaten an vertraute Personen weiterzugeben. Man muss schon sehr sorgfältig und bewusst regelmäßig die Einstellungen für die Standortverwaltung kontrollieren, um diese Art des Missbrauchs zu bemerken.

Am iPhone gibt es die App »Wo ist?« (davor »Meine Freunde suchen«), die uns ermöglicht, unseren Standort mit anderen zu teilen, oder Information über den Standort anderer zu erhalten – wenn sie uns dazu eingeladen haben. Zwar dient die App dazu, seine Apple-Geräte zu finden, wenn sie verlegt, verloren, vergessen oder gestohlen wurden. Aber die meisten iPhone-Benutzer haben diese App (die nicht gelöscht werden kann) wahrscheinlich noch nie geöffnet, geschweige denn benutzt. Die einzige sichtbare Änderung, wenn eine Standortfreigabe aktiviert wurde: In den Apple-Nachrichten iMessage wird dies wenig auffällig im Konversationsverlauf mit der betreffenden Person angezeigt.

Noch auf andere Art kann das iPhone verräterisch sein, was die Aufenthaltsorte seiner Besitzerin oder seines Besitzers betrifft: Es führt penibel Protokoll über alle besuchten »wichtigen Orte«. Man muss schon tief in den weitverzweigten Einstellungen graben, um dieses automatisch angelegte Protokoll

zu finden und die automatische Speicherung »wichtiger Orte«
künftig zu beenden: Zu finden unter Einstellungen, Datenschutz, Ortungsdiensten, Systemdiensten, Wichtige Orte...
meist ganz unten auf den betreffenden Seiten.

Auf Android-Handys ist keine »Friend Finder«-App nach
Art von Apples »Wo ist?« vorinstalliert, und der Download einer App wie Glympse, die es ermöglicht, den eigenen Standort mit anderen zu teilen, braucht länger als nur eine Einstel-
lung vorzunehmen und fällt möglicherweise durch das neue
App-Icon auf. Aber es gibt eine sehr einfache Lösung dank
einer immer vorhandenen App: Google Maps. Im Menü findet sich eine Möglichkeit, den eigenen Standort freizugeben,
nicht nur einmalig, sondern dauerhaft. Und wahrscheinlich,
ohne bemerkt zu werden: Der verräterischste Effekt ist eine
hohe Batteriebelastung, durch den ständigen Gebrauch der
GPS-Funktion von Google Maps. Wer sich dann auf die Suche
nach dem batteriefressenden Verursacher macht, entdeckt
dabei möglicherweise den Missbrauch von Maps als »Stalkerware«, wie diese Art von Funktion aufgrund ihrer Prob-
lematik getauft wurde.

Standortdaten begrenzen

Die Entstehung und Weitergabe von Standortdaten – Ihre Location – ist bei Verwendung von Smartphones kaum vermeidbar. Die radikalste Form des Schutzes ist das Ausschalten der Standortdaten. Damit werden jedoch auch Kartendienste blind und können nur mehr eingeschränkt benutzt werden.

Wenn man nicht gänzlich auf die Nützlichkeit der Standorterkennung verzichten will, können Benutzer damit nur möglichst sorgsam umgehen. Dazu gibt es mehrere Schritte.

Teilen Sie Ihre Standortdaten nicht mit Apps, oder entscheiden Sie bewusst, mit welcher App (z.B. nur Karten) Sie Location verwenden. Nur wenige Apps »brauchen« Standortdaten, die meisten sammeln sie ein, um aus dem Handel zusätzliches Geschäft zu erzielen. Apps wie Wetter oder Carsharing können problemlos mit der Angabe eines Ortes arbeiten, ohne das Handy genau zu lokalisieren. Alternativ können Sie festlegen, dass eine App Ihre Standortdaten nur bei Benutzung bekommt. Das schränkt zumindest die Genauigkeit und den Umfang der Daten ein, die sie über Sie sammeln kann.

Schalten Sie die »Ad-ID« (Advertising ID) auf Ihrem Handy aus. Diese Werbe-ID ist ausschließlich dazu bestimmt, Ihnen auf den aktuellen Standort bezogene Werbung aufs Handy zu schicken – kein großer Verlust, wenn Sie dies nicht erlauben.

Wenn Sie Google-Dienste wie Google Maps verwenden, wird Ihre Location gespeichert. In den Einstellungen Ihres Google-Kontos können Sie dies ausschalten und auch Ihre bisher gespeicherten Standortdaten löschen.

Schau mir in die Augen, Kleines

Viertes Kapitel, in dem wir lustige Gesichter auf Social Media schneiden und das Handy dank Gesichtserkennung Fotos von unseren Freunden im Netz finden kann. Und wir dabei unwissentlich zu Helfern für das größte Überwachungsprojekt in der Geschichte der Menschheit werden.

Der Steckbrief

Unruhen gab es immer wieder, in diesem Mai jedoch kam es in Dresden tatsächlich zu schweren Ausschreitungen. Angetrieben von deutschnationalem Eifer und der Forderung nach Einführung einer parlamentarischen Demokratie setzten die Dresdner Bürger das Opernhaus am Zwinger in Brand. Ausgerechnet dessen Kapellmeister zählte zu den Brandstiftern: Unter einem Pseudonym hatte er bereits in den Monaten vor den Ausschreitungen des Pöbels einen Systemwechsel und die Abschaffung des Geldes gefordert – ein praktisches Zusammentreffen revolutionärer Ideologie und des privaten Schuldenbergs des Künstlers.

Es blieb nicht bei radikalen Worten: Als es zur Absperrung der Dresdner Innenstadt kam und die Aufständischen mit Regierungstruppen gewaltsam aneinander gerieten, wurde aus dem schreibenden Kapellmeister ein Mittäter, der sich als Wachposten und bei der Übermittlung geheimer Botschaften hervortat. Unbestätigten Meldungen zufolge soll er sogar Handgranaten für die protestierenden Bürger besorgt haben.

Wir schreiben das Jahr 1849 und der revolutionäre Kapellmeister ist niemand geringerer als Richard Wagner. Der Aufstand scheiterte nach wenigen Tagen, Wagner wurde zur Verhaftung ausgeschrieben und musste, steckbrieflich gesucht, in letzter Minute die Flucht antreten. »Wagner ist 37–38 Jahre alt, mittlerer Statur, hat braunes Haar und trägt eine Brille«, beschreibt die »Stadt-Polizei-Deputation« den aufrührerischen Dirigenten. Eine Allerweltsbeschreibung, die auf ein Drittel der männlichen Bevölkerung zutraf und durch die Abnahme der Brille leicht zu durchkreuzen war.

So konnte sich Wagner unerkannt und unbehelligt auf die Flucht begeben, die sich von einer normalen Reise nach Zürich bestenfalls durch konspirative Stimmung unterschied. Obwohl der Musiker damals bereits ein aufstrebender Stern am Firmament der deutschen Romantik und eine lokale Berühmtheit war, konnte ihn außerhalb seines Freundes- und Fankreises in Dresden und Leipzig praktisch niemand erkennen, schon gar nicht irgendwelche Zöllner.

Das Passbild

Wie auch? Die Fotografie war wenige Jahre vor Wagners Flucht erfunden worden und befand sich in einem Experimentierstadium vieler Verfahren und endloser Belichtungszeiten. In der Mitte des 19. Jahrhunderts begann die Polizei die Daguerreotypie für erkennungsdienstliche Zwecke einzuführen und legte erste Fotosammlungen an, um tatsächliche und vermeintliche Kriminelle zu identifizieren. Erst 1883, wenige Jahre vor Wagners Tod, wurde in der Leipziger »Illustrirten Zeitung« ein gerastertes Foto gedruckt – Wagners Steckbrief wies hingegen nicht einmal eine Skizze auf.

Reisedokumente bestanden über viele Jahrhunderte und zurzeit von Wagners Flucht aus leicht herstellbaren Schriftstücken, die ihren Inhaber nach »Signalelementen« beschrieben: ungefähre Körpergröße, Haarfarbe, Aussehen des Gesichts, »besondere« Merkmale wie Brille. So selbstverständlich uns heute das möglichst fälschungssicher angebrachte und mit biometrischen Merkmalen ausgestattete Passbild erscheint: Erst 1885, in dem Jahr als ein Mr. Eastman in Rochester ein Patent auf den Rollfilm erwarb, wurden in einigen deutschsprachigen Ländern Passbilder als Teil von Reisedokumenten eingeführt.

Mit den Nazis wurde die Pflicht zum Bild gesetzlich verankert: Ab 15 Jahren mussten sich alle Staatsbürger mittels eines amtlichen Lichtbildausweises ausweisen können. Zu jedem Ausweis gab es eine zweite Karte in der »Volkskartei«

bei der Behörde, die zum Abgleich gleichfalls das Passbild enthielt, dazu die Fingerabdrücke des Inhabers und das, was wir heute als »racial profiling« bezeichnen: Zugehörigkeit zu anderen Ethnien, Fremdsprachenkenntnis und anderes mehr. In vieler Hinsicht legten die Nazis die Basis dafür, was bis heute mit den digitalen Mitteln der Biometrie und Gesichtserkennung unendlich weiter verfeinert wurde.

Für Jahrhunderte war ein Porträt unseres Angesichts das Privileg einer kleinen aristokratischen Schicht, später des wohlhabenden Bürgertums. Schau mir in die Augen, Kleines: Obwohl massenhaft erstellte Porträts dank der billigen Fotografie relativ jung sind, ist das Angesicht eines Menschen inzwischen für sehende Menschen die wichtigste Form, Andere zu erkennen. Seit mit digitalen Geräten Plastikkarten samt Porträtfotos billig hergestellt werden können, sind alle Arten von Ausweisen, von öffentlichen Verkehrsmitteln bis zum Fitnesscenter, praktisch nur noch Lichtbildausweise.

Der von Eastman erfundene Rollfilm und die unter dem Markennamen Kodak vorangetriebene industrielle Ausarbeitung machte Fotografie für die Massen erschwinglich. Die Digitalisierung der letzten Jahrzehnte brachte uns das tausendfach und in jeder Lebenssituation geknipste Selfie. Wenn wir ein Sinnbild für unsere Tage wählen sollten, wäre dies am ehesten Caravaggios Gemälde von Narziss, der selbstverliebt die Spiegelung seines Antlitzes im Wasser ansieht. An Porträts unserer selbst besteht jedenfalls heute, anders als noch vor wenigen Generationen, keinerlei Mangel.

Die Erkennung

Nebst dem Foto selbst sind die Verbreitungswege der Bilder unverzichtbar, um einen Abgleich zu realen Personen herstellen zu können. Diese Verteilung hat sich ebenso revolutionär entwickelt wie die Bilderstellung selbst: Suchaufrufe über TV-Nachrichten wirken in Filmen mittlerweile bereits so antiquiert wie die Klischee-Szene im Zugabteil, in der das Gegenüber beim Zeitunglesen den gesuchten Verbrecher anhand des abgedruckten Fotos erkennt. Heute kann der »Steckbrief« einer gesuchten Person in Minuten digital und elektronisch weltweit verbreitet werden.

Darum muss eine Flucht im 21. Jahrhundert präzise geplant werden, wenn sie gelingen soll. Am besten, man flüchtet bereits ehe es für Polizei und Nachrichtendienste einen Grund zur Suche gibt. Wie Edward Snowden, dem bekanntesten Whistleblower unserer Tage, der sich mit niemand geringerem als der mächtigen US-amerikanischen National Security Agency (NSA) anlegte, indem er deren monströse Datensammlung aufdeckte.

Noch während er als Angestellter eines Subunternehmens indirekt im Dienst der NSA steht, beantragt er bei seinem Chef kurzfristig Urlaub, bucht im letzten Moment einen Flug nach Hongkong, Kopien der illegalen Datensammlung auf Festplatten im Gepäck. Hongkong erscheint ihm aufgrund seiner Zugehörigkeit zu China als sicherer Ort vor einem möglichen US-Zugriff. Er verschwindet in einem Hotel, das er in den nächsten Wochen aus Angst vor der CIA nicht verlässt. Erst dann steigt er, wie einst Richard Wagner, auf die virtuelle Barrikade, ohne dabei zunächst selbst in Erscheinung zu treten. Im britischen »The Guardian« und in der »Washington Post« erscheinen die Berichte über die Datensammelwut der NSA.

Allen Vorsichtsmaßnahmen zum Trotz werden seine Identität und sein Aufenthaltsort letztlich enthüllt. Journalisten finden sein Hotel, Snowden zieht mehrfach um, landet schließlich in der Wohnung eines Unterstützers, die er wochenlang nicht verlässt. Bei Treffen mit seinen Anwälten werden die Mobiltelefone im Kühlschrank deponiert: Hier können die Kameras und Mikrofone nichts sehen und hören, falls sie manipuliert sind. Die Flucht von Ed Snowden zeigt, dass es heute praktisch unmöglich ist, unerkannt für längere Zeit unterzutauchen. Letztlich bleibt ihm paradoxerweise nur Asyl in Russland. Dessen Überwachungspraktiken lassen die USA wie ein unschuldiges Kind erscheinen.

Zwischen Wagner und Snowden, im kurzen Zeitraum von eineinhalb Jahrhunderten, ist die Erkennung unseres Gesichts zu einem zentralen Element unseres alltäglichen Lebens geworden. Und im noch viel kürzeren Zeitraum der letzten Jahrzehnte wurde die Aufgabe des Erkennens von Gesichtern – gar das »Lesen« eines Gesichtsausdrucks – zunehmend Maschinen übertragen. Diese sind längst dabei, mit ihrem Können ihre einstigen menschlichen Meister in den Schatten zu stellen. Face Recognition, Gesichtserkennung durch Computer, ist die atemberaubendste Entwicklung bei der Identifizierung von Menschen, die sich in unserem Alltag so einschneidend auswirken wird, wie davor die verpflichtende Einführung des Passbildes.

Die Selfie-Manie

Auch bei dieser rasanten Entwicklung, die alle unsere Lebensbereiche betreffen wird, spielt unser Smartphone seine zwiespältige Rolle: als unermüdlicher persönlicher Assistent einerseits, als eifriger Spion für im Dunkeln bleibende Auftraggeber andererseits. Täglich werden 93 Millionen Selfies auf Social Media hochgeladen. Auf Instagram landen in 10 Sekunden durchschnittlich 1000 Selfies. Wir haben es nicht erlebt, wenn wir kein Selfie davon haben, lautet das elfte Gebot, für das sich Menschen sogar in Lebensgefahr begeben. Die Selfie-Epidemie fordert längst Tote: Menschen, die bei der Suche nach der spektakulärsten Inszenierung von Hochhäusern oder Bergen stürzen. Inzwischen gibt es dafür einen Begriff: »Killfie« heißt das Selfie, das dein Leben kosten kann. 259 Menschen sind zwischen 2011 und 2017 dabei ums Leben gekommen, hat das All India Institute of Medical Sciences in Neu-Delhi gezählt. Derzeit sind es rund 100 im Jahr.

Diese Sintflut an Porträtfotos ist für die Entwickler von Gesichtserkennung ein doppelter und dreifacher Jackpot. Der erste Lernschritt von Künstlicher Intelligenz bei Face Recognition ist die Treffsicherheit der Software, ob es sich bei zwei Bildern um denselben oder verschiedene Menschen handelt. Dazu analysieren die Programme die Hautfarbe, die Textur, die Neigung des Gesichts, die Größe, Formen und Abstände von Augen, Nase und Mund sowie die Gesichtskonturen. Daraus entsteht eine mathematische Repräsentation des jeweiligen Gesichts, die dann mit anderen Bildern verglichen werden kann, wie die Suche nach identen Fingerabdrücken. Je besser ausgeleuchtet und gleichmäßiger ein Porträtfoto ist, desto höher ist die Treffergenauigkeit. Darum gibt es seit Einführung der biometrisch erfassten Passbilder millimetergenaue Vorschriften zur Anfertigung des Porträts. Am Passamt wird mit Schablonen penibel kontrolliert, ob der Fotograf die Vorgaben eingehalten hat.

Die Künstliche Intelligenz

Dabei hat Face Recognition seit den ersten theoretischen Babyschritten Mitte der 1960er-Jahre Riesenfortschritte gemacht und wurde Jahr um Jahr signifikant besser. Den großen Schub bei der Treffsicherheit brachte die Verwendung sogenannter neuronaler Netzwerke und Künstlicher Intelligenz (Artificial Intelligence, AI). Dabei imitiert die Maschine auf der Suche nach einer Lösung das menschliche Denken. Wie zuvor beim Schachspiel oder dem asiatischen Go-Spiel hat sich auch bei der korrekten Gesichtserkennung der Abstand von Menschen zu Maschinen kontinuierlich zugunsten der Maschinen verbessert.

Mit über 99 Prozent richtiger Treffer sind inzwischen Maschinen besser als die meisten Menschen, dabei zu erkennen, ob zwei Bilder dieselbe Person darstellen. Und sie sind bereits gleich gut wie speziell trainierte forensische Experten der Bilderkennung. Eine Studie der University of Huddersfield führte zu einer überraschenden Erkenntnis: Arbeitet ein Erkennungsexperte mit einer Maschine zusammen, ist dieses Team besser als wenn zwei Experten zusammenarbeiten. Während die Maschinen laufend weiter dazu lernen und noch treffsicherer werden, werden Menschen über ein gewisses Expertenmaximum hinaus kaum noch besser.

Dabei bleiben jedoch Probleme des Verfahrens bestehen. Eine Reihe von Wissenschaftern, darunter des renommierten Media Lab des Massachusetts Institute of Technology (MIT), halten den derzeit verwendeten Algorithmen zur Gesichtserkennung Voreingenommenheit vor: Je dunkler die Hautfarbe der erfassten Personen, desto fehlerhafter wird das Ergebnis. So wird es für die Computer schwierig, bei dunklen Hautfarben zwischen Mann und Frau zu unterscheiden.

Den Grund dafür sehen die Forscher in den vorhandenen Datensets, mit denen die Entwickler ihre Systeme füttern. In den USA sind derzeit rund 130 Millionen Erwachsene in Bilddatenbanken erfasst, rund 40 Prozent der gesamten Bevölkerung. Jedoch bilden vor allem weiße Amerikaner den

Bestand dieser Datenbanken, sagt Timnit Gebru, ein Leiter des Teams für die Ethik Künstlicher Intelligenz bei Google. Daraus entsteht eine Voreingenommenheit gegenüber der Bevölkerung anderer Hautfarbe – und eine Fehlerquote bei der Erkennung, die für Betroffene schicksalhaft sein kann, wenn Gesichtserkennung eine Bilddatenbank nach einem potenziellen Täter absucht und falsch identifiziert.

Solche Ungenauigkeiten, die zu computerisierten Vorurteilen werden, spielen eine besonders große Rolle bei der unter anderem in Großbritannien weit vorangetriebenen Entwicklung des »predictive policing«. Dabei versuchen Algorithmen anhand des Verhaltens, des vermeintlich erkannten Alters und der ethnischen Zugehörigkeit in Einkaufszentren oder bei Großveranstaltungen potenzielle Probleme und Täter live zu erkennen, ebenso wie Polizisten über die Kameras nach gesuchten Personen Ausschau halten – die TV-Serie »Persons of Interest« in die Realität umgesetzt. Zum Einsatz kommt bei diesen Pilotprojekten die Software Neoface des japanischen IT-Konzerns NEC, die im kommerziellen Bereich im Handel und in Casinos bereits große Verbreitung findet. Die Versuche der Metropolitan Police wurden hingegen durch eine genaue Untersuchung der University of Essex restlos blamiert: 80 Prozent der auf Basis der Softwareerkennung erfolgten Aufgriffe wurden als unberechtigt und haltlos qualifiziert. Von 42 Personen, die das System »geflaggt« (markiert) hatte, wurden 22 von der Polizei angehalten, aber nur acht davon wurden tatsächlich gesucht.

Die Entwicklung geht längst weiter, als nur die jeweilige Person zu identifizieren. Zunehmend geht es darum, aus dem Gesicht Informationen über den Menschen auf dem Foto herauslesen zu wollen: Alter, Gefühle, Stress, Richtigkeit einer eben getätigten Aussage – bis zu Fragen der sexuellen Orientierung. Letztgenanntes unternahm eine Studie der Stanford University, die begreiflicherweise zu heftigen Reaktionen führte. Der Studie zufolge würde Künstliche Intelligenz die sexuelle Orientierung von Männern mit einer Wahrscheinlichkeit von 81 bis 85 Prozent, von Frauen mit 77 Prozent erkennen. Menschliche Beobachter schnitten hingegen deutlich schlechter ab als der Computer: Bei den Bildern der Männer mit einer Trefferquote von 62 Prozent, denen der Frauen von 54 Prozent. Ein nachfolgendes Experiment eines Doktoranden an der University of Pretoria erreichte zwar bei weitem nicht dieselben Werte, zeigte jedoch eine ähnliche Tendenz: Der Computer war etwas besser als speziell trainierte Experten. Als Basis dienten Bilder von Dating-Apps wie Tinder, bei denen die Betreffenden ihre sexuelle Orientierung angeben.

Solche Fehlerquoten machen die Erkennung weitgehend unbrauchbar, und es steht der Beweis aus, ob Gesichtserkennung alleine überhaupt dazu geeignet ist, persönliche Eigenschaften wie sexuelle Orientierung verlässlich zu erkennen. Aber die Studien zeigen das besorgniserregende Potenzial von Gesichtserkennung durch Künstliche Intelligenz. In vielen Staaten dieser Erde wird Homosexualität verfolgt, in manchen steht darauf die Todesstrafe. Da kommt einer automatisierten Gesichtserkennung bei Einreisekontrollen schlagartig andere Bedeutung zu als auf Flughäfen wie Frankfurt oder Wien, wo viele EU-Bürger gerne die rasche Abwicklung durch das Auflegen des Passes und einen treuherzigen Blick in die Kamera der Zugangsschleuse dem langen Warten beim Schalter vorziehen.

Die Gewohnheit

Wie vieles, dem wir anfangs mit Skepsis und Ablehnung begegnen, wird Gesichtserkennung durch täglichen Gebrauch zur Gewohnheit, vor allem wenn es unserer Bequemlichkeit dient. Was wäre zu diesem Verhaltenstraining besser geeignet als unsere Smartphones?

Seit der Einführung von Apples iPhone X – Assoziation zur TV-Serie X-Files ist nicht beabsichtigt – ist Face Recognition geräuschlos in den täglichen Gebrauch unserer Handys eingekehrt. Ohnedies blicken wir unserem Smartphone alle paar Minuten quasi ins Gesicht: Jetzt öffnen wir das Gerät mit einem Blick auf das Display, autorisieren Zahlungen an der Supermarkt-Kasse und Überweisungen der Banking-App, sparen uns, uns an Passwörter auf Webseiten und bei Apps zu erinnern.

Apple versichert seinen Kunden, dass diese Gesichtserkennung zur Identifizierung, wie zuvor der Fingerabdruck, ausschließlich auf dem Handy stattfindet und keine Gesichtsdaten an das Unternehmen oder den App-Anbieter übermittelt werden. Mehrere Kameras und Infrarot-Sensoren erstellen am Gerät eine dreidimensionale mathematische Darstellung des Gesichts des Benutzers; die 3D-Darstellung verhindert, dass einfache Fotos das System täuschen können. Und sie erkennt das Gesicht dadurch aus sehr unterschiedlichen Blickwinkeln.

Schau aufs Display, Kleines: Eine solch mühelose Interaktion schläfert unsere Skepsis ein, weicht durchaus sinnvolles Misstrauen auf, schafft Vertrautheit in den Vorgang. Zunehmend werden wir darum Gesichtserkennung in anderen Zusammenhängen begegnen. Etwa bei Zutrittskontrollen in Gebäuden und Büros anstelle von Schlüsseln und Schlüsselkarten, die vergessen werden können – unser Gesicht haben wir immer mit. An vielen Flughäfen gibt es beschleunigte Sicherheitskontrollen für registrierte Vielreiser, die sich am Flughafen mit ihrem Gesicht ausweisen. Für Online-Anmeldungen, etwa zur gesetzlichen Registrierung von Prepaid-Karten für den Mobilfunk, werden »Video Ident«-Verfahren verwendet: Dabei wird ein Lichtbildausweis mit dem Gesicht des Anmelders abgeglichen – derzeit zwar noch von Menschen im Call Center, künftig kostensparend von Algorithmen.

An vorderster Front beim kreativen Einsatz von Gesichtserkennung sind seit kurzem die Royal Carribean Cruises unterwegs, weltweit zweitgrößter Veranstalter von Kreuzfahrten. Das Problem der Riesenschiffe, die trotz immer lauter werdender Kritik an ihren umweltschädlichen Auswirkungen sicherlich noch lange eine nervige Erscheinung von Venedig bis zu Norwegens Fjorden und karibischen Inseln bleiben werden: Innerhalb eines kurzen Zeitraums müssen tausende Passagiere beim Einchecken abgefertigt werden. Dazu setzt jetzt die Kreuzfahrtslinie Gesichtserkennung anstelle von Tickets und Dokumenten ein, die von Mitarbeitern kontrolliert werden müssen.

Passagiere der Royal Carribean registrieren ihr Gesicht bereits vor dem Reiseantritt online und sind damit im Besitz ihres immer und überall gültigen Zugangsschlüssels. Vom Parkplatz bis zur Kabine soll es dadurch gerade noch eine Viertelstunde dauern. Vom Restaurant bis zu individuellen Vorschlägen für das reichhaltige Bordangebot muss man nur noch sein Gesicht zeigen: Es darf gelächelt werden. Ein interessanter Pilotversuch der Gesichtserkennung besteht darin, das Restaurantangebot entsprechend den realen Passagierflüssen richtig zu verteilen und »Overstocking« zu vermeiden. Was bei 65.000 täglich servierten Mahlzeiten an Bord der »Symphony of the Seas« ein nicht unerheblicher Beitrag sein kann, die Verschwendung an Lebensmitteln gering zu halten.

Pilotprojekte zum Live-Einsatz von Gesichtserkennung bei Überwachungskameras begegnen uns bereits auf Schritt und Tritt. In Fußballstadien kommen die Systeme zum Einsatz, um ausgewiesene Hooligans zu erkennen. Der dänische Meister Bröndby setzt Gesichtserkennung seit dem Herbst

2019 ein, um seine Stadionverbote durchzusetzen – dazu müssen allerdings die Gesichter aller Besucher gescannt werden. Die Datenschutzbehörde sah dabei kein Problem, da »erhebliches öffentliches Interesse« besteht. Das bisher umfassendste Überwachungsprogramm mittels Face Recognition wird bei den Olympischen Spielen 2020 in Tokio implemeniert werden.

Im deutschen Görlitz sammelt die Polizei seit dem Herbst 2019 Erfahrungen mit Live-Erkennung mittels eigener Kamerasäulen, um grenzüberschreitende Kriminalität zu bekämpfen. Seit Anfang 2020 sind solche Anlagen in ganz Deutschland gesetzlich erlaubt. In Österreich begrenzt sich der Einsatz der Gesichtserkennung noch auf den Abgleich von Fotos mit den Datenbanken der Polizei, in denen Gesichter auf gesetzlicher Basis erfasst wurden – derzeit rund eine halbe Million Personen.

Die Apps

Die Gier nach verwertbaren Bildern von Gesichtern ist unersättlich. Eine Tonne an fotografierenden und postenden Apps auf unseren Smartphones ist ein unermüdliches Schleppnetz, um Bilder von uns, unseren Freunden und unserer Lebenswelt zu beschaffen. Als die Tüchtigsten erweisen sich dabei lustige und oft völlig sinnbefreite Fotoapps wie seit einiger Zeit TikTok, das über Nacht weltweit einen fixen Platz in der digitalen Jugendkultur eingenommen hat – aber auch bereits von den Social-Media-Managern von Unternehmen und Politikern entdeckt wurde.

Innerhalb von zwei Jahren wurde TikTok der Shooting Star unter den Video-Apps. Eine Plattform für maximal 15 Sekunden lange Videoclips aller Art, grimassierende Teenager, Mini-Songs und Mini-TV-Spots, mit lustigen Effekten, die in einem nicht endenden Stream wiedergegeben werden. Ein Mädchen, das zum Klang eines elterlichen Streits tanzt, Tänzer zu allen Arten von kurzen Ausschnitten aus Songs, kindliche und kindische Spielereien, visuelle Wow-Effekte von durchdachten Minispots. Die überwiegende Mehrzahl der Millionen Videoclips könnte man als animierte Selfies bezeichnen, in denen sich die Darsteller wahlweise als Popstar oder Kasperl filmen. All das steht auf der Plattform von TikTok und wird nach den Vorlieben des Zuschauers durch Algorithmen zusammengestellt. Soweit, so harmlos.

Der rasche Aufstieg von TikTok zur Nummer Eins der App-Hitparade hat dazu geführt, dass die Platzhirsche des Silicon Valley in ihren Labors hektisch mit Gegenmitteln experimentieren. Innerhalb eines Jahres wurde die TikTok-App 750 Millionen Mal heruntergeladen, seit ihrem Erscheinen 2017 bereits 1,5 Milliarden Mal. Zum Vergleich: Für Facebook lag die jährliche Downloadzahl bei 715 Millionen, für Instagram bei 450 Millionen, YouTube 300 Millionen und Snapchat – der frühere Darling der sozialen Fotoapps – brachte es gerade noch auf 275 Millionen, zählte Marktforscher Sensor Tower.

Unerwartete Schützenhilfe im Wettbewerb bekommen die eingeführten App-Anbieter von staatlicher Seite. Denn die US-Regierung eröffnete gegen das harmlos wirkende TikTok eine Untersuchung: Nicht aus wirtschaftlichen Gründen, sondern aus Gründen der Nationalen Sicherheit. Einmal mehr bildet der Handelskrieg zwischen den USA und China den Hintergrund für den Verdacht. TikTok ist die westliche Version der populären chinesischen App Douyin, die beide dem chinesischen App-Startup ByteDance gehören. Der Vorwurf, der zur Untersuchung führte: TikTok könnte als Instrument des chinesischen Staates missbraucht werden, um Inhalte zu zensieren, wie positive Statements zu Tibet oder Hongkongs Protestbewegung.

Wie sehr China auch außerhalb des Reichs der Mitte alle Hebel für seine Unterdrückungspolitik einsetzt, zeigte im Herbst 2019 eine Episode, bei der es gleichfalls um Hongkong ging. »Fight for Freedom – Stand with Hongkong«: Dieser Tweet des Managers des US-Basketballteams Houston Rockets führt zu einer Welle von chinesischen Protesten und Boykottaufrufen gegen die amerikanische Basketball-Liga NBA. China ist für die US-Profispieler der NBA der wichtigste Auslandsmarkt, und ein chinesischer Boykott von NBA-Spielen und ihren Übertragungen geht so richtig ins Geld. Der Tweet wurde gelöscht, NBA-Manager streuten sich Asche aufs pro-chinesische Haupt.

An den Haaren herbeigezogen erscheint die Annahme nicht, dass im Zweifelsfall auf TikTok kein Platz für Proteste gegen die empfindlichen Druckstellen der chinesischen Regierung ist: Hongkong, Tibet, die Behandlung der Uiguren in der Provinz Xinjang, Künstler wie Ai Weiwei. Für die chinesischen Herrscher sind Berge an Informationen über die eigenen Bürger daheim und in aller Welt, aber auch über die Bürger anderer Staaten, die Basis ihrer Machtausübung und um »Stabilität« zu bewahren, sprich die Herrschaft der Kommunistischen Partei abzusichern. Soziale Medien, Gesichtserkennung und die Überwachung von Smartphones spielen dabei eine zentrale Rolle. Darum erfreuen sich in der Uiguren-Provinz Xinjang alte Nokia-Handys mit ihren sehr eingeschränkten Möglichkeiten, private Daten zu sammeln, großer Beliebtheit.

Mit TikTok erhält China Augen in aller Welt. Mitgliedern der US-Streitkräfte ist die Verwendung von TikTok inzwischen verboten, damit Geheimdienste durch die Freizeit-Videos von Soldaten nicht wie erwähnt wertvolle Hinweise auf Truppenausstattung und Standorte bekommen können. Über das Engagement auf der Plattform kann China seine Studierenden im Ausland ebenso wie die große chinesische Community rund um die Welt beobachten. Es erhält Zugriff auf Inhalte, die es bei der Erteilung von Visa verwerten kann. Und es erhält einen Schatz an Fotos, mit denen seine Softwareunternehmen ihren internationalen Spitzenplatz bei Face Recognition weiter ausbauen können.

Das Facebook

Wer sich über die rasante Verbreitung von TikTok berechtigte Sorgen macht – oder über FaceApp, eine russische App, die zur Gaudi der Benutzer Selfies eine Verjüngungs- oder Alterungskur verpasst – sollte darüber den Elefanten der Gesichtserkennung auf unserem Handy nicht übersehen: Das Facebook. Für die größte und mächtigste Social Media Plattform mit über zwei Milliarden Benutzern weltweit ist Gesichtserkennung praktisch Programm. Mark Zuckerberg gründete die Plattform 2004 als studentisches Unterfangen mit dem Namen »the facebook« auf der Universität Harvard. Den Namen übernahm »Zuck« von den gedruckten Unterlagen, die Freshmen – der erste Jahrgang an US-Unis – mit Fotos und Namen aller Studierenden und Lehrenden zu Studienbeginn erhalten.

Fotoalben, in denen alle Schülerinnen, Schüler, Studentinnen und Studenten penibel mit ihren Porträts gelistet sind, sind seit jeher Tradition an Schulen und Unis in den USA. Facebook als eine digitale, elektronische Version, die man nicht nur durchblättern, sondern auch als Kommunikationskanal verwenden kann, schien wie eine Erfindung, die nur auf ihre Entdeckung gewartet hat. Innerhalb kürzester Zeit meldete sich halb Harvard auf der Plattform an, die sich im Lauffeuer an den Universitäten verbreitet. Als Absolventen bildeten sie später das Fundament für das rapide Wachstum von Facebook im Privat- und Berufsleben.

Das Erkennen von »Friends« anhand ihrer Gesichter, die jeden Post und die persönliche Seite begleiten, ist die DNA der sozialen Plattform, die mit einem Dogma des Internet brach: der Anonymität seiner Benutzer. Zuckerberg wurde für seine markanten Sprüche bekannt, dass mit der Onlinewelt das Ende der Privatsphäre einherginge. Vielen arglosen Benutzern wurde dies erstmals bewusst, als Facebook 2009 auf spektakuläre Weise den neuen Chef des britischen Geheimdienstes MI6 »C« enttarnte: Seine Frau postete gutgläubig und für alle Welt zu sehen Fotos mit der Familie, »C« in der Badehose, bei Grillfesten von Freunden und mit Promis. Besonders peinlich: Bilder mit dem Holocaust-Leugner David Irving.

Für Facebook war die Erfindung des Smartphones ein Geschenk des Himmels. Denn bisher bedurfte es durchaus einer Anstrengung der Benutzer, Updates zu schreiben: Zum Posten auf der Webseite musste man Zeit an einem Computer finden, um Bilder hinzuzufügen, mussten sie zuerst von der Digitalkamera auf den PC oder das Notebook geladen werden. Nicht gerade förderlich für den spontanen Moment, um Schnappschüsse der Freundesrunde oder Selfies festzuhalten. Bis das iPhone und in der Folge Googles Android auf den Markt kamen: Nach einer Schrecksekunde und stagnierenden Benutzerzahlen am PC begriff Zuckerberg, dass Smartphones mit App und Kamera das natürliche Habitat von Facebook sind.

Die Nutzung explodierte förmlich. Jetzt konnten User gewonnen werden, für die ein PC ein Gräuel war – oder die, wie in vielen Ländern Asiens und Afrikas, zwar ein Handy, aber keinen Computer hatten. Wo Menschen wenig Geld haben und Mobilfunknetze schwach sind, setzt Facebook spezielle Anstrengungen, um seine App auf sogenannte Feature-Phones zu bringen, die in schwächeren Netzen funktionieren. Nutzerzahlen und Fotouploads explodierten mit der Verbreitung von Smartphones. Die offiziellen Zahlen des Unternehmens zeigen dies: Insgesamt hatte Facebook Ende 2019 jedes Monat 2,4 Milliarden User, von denen 2,2 Milliarden die Plattform von ihrem Handy aus benutzten. Täglich werden 350 Millionen Fotos hochgeladen – die unvorstellbare Zahl von 130 Milliarden Fotos im Jahr.

Zur Vertrauenskrise kam es spätestens seit »Fake News« und politische Manipulationen auf Facebook im Zuge der Brexit-Abstimmung sowie den US-Wahlen 2016 bekannt wurden. Für den Skandal der widerrechtlichen Weitergabe hunderttausender Userdaten an Cambridge Analytica für Desinformationskampagnen wurde Facebook zu einer Milliardenstrafe verurteilt. Auswirkungen auf die Zahl der Facebook-Nutzer zeigte dies bisher jedoch kaum. Und was noch immer wenig Beachtung findet, ist das gigantische Programm zur Bilderkennung, das Facebook seit Jahren einsetzt.

Diese Bilderkennung begann mit dem »Taggen« von Gesichtern in geposteten Fotos, der Benennung der Gesichter, wobei Facebook seinen Usern bereits einen Vorschlag bei den geposteten Bildern machte. Eine scheinbare harmlose Unterstützung, die an Zeiten erinnert, als wir beim Herzeigen der eben aus dem Labor gekommenen Fotos dazu gesagt haben, wer jeweils darauf zu sehen ist. Aber anders als Freunde, die einmal gezeigte und benannte Bilder schnell wieder vergessen, vergisst Facebook nie. Taggen bedeutet mit der Zeit eine enorme Sammlung an Datenmaterial: Es ist Rohstoff für Systeme der Künstlichen Intelligenz zur Gesichtserkennung. Und es liefert obendrein Information über den Kontext des Bildes – der Ort, wo es gemacht wurde, die Verbindung zu anderen Menschen auf den Bildern, die Aktivitäten, präzise GPS-Daten zum Aufnahmeort, exakte Uhrzeit, verwendetes Handy, Belichtungseinstellungen.

Mit seiner Praxis des Taggens von Gesichtern kam Facebook bereits vor mehreren Jahren in Konflikt mit kanadischen und EU-Datenschutzbestimmungen und stellte die erste Version im Jahr 2012 ein. US-Gerichte sind noch immer dabei, sich zu dieser Praxis eine rechtlich verbindliche Meinung zu bilden. Offiziell beendete darum Facebook Taggen im Oktober 2019. Anstelle dessen findet sich jedoch in den persönlichen Profileinstellungen »Face Recognition«, die man abschalten kann. In seiner Mitteilung an User wirbt Facebook für den Nutzen von Face Recognition: Man könne dadurch Fotos von Freunden finden, auf denen man nicht getaggt ist, ein missbräuchlicher Gebrauch eigener Fotos würde so rasch erkannt werden. Obendrein vollbringe man eine gute Tat für sehbehinderte Menschen auf Facebook: Denn so können sie erfahren, wer auf Fotos gezeigt wird. Wer will bei so viel guten Gründen schon nein sagen?

Experten schätzen Facebooks Technologie zur Gesichtserkennung als eine der besten der Welt ein. Offizielle Angaben macht das Unternehmen nicht, eine unabhängige Evaluation ist praktisch unmöglich. Nach Aussagen des Leiters von Facebooks Machine Learning Group, Nipun Mathur, soll die Software sogar Gesichter erkennen können, die nur teilweise abgebildet sind. AI-Forscher des Unternehmens publizierten bereits 2015 eine wissenschaftliche Studie, wonach selbst Personen erkannt werden können, deren Gesicht gar nicht im Bild ist. Teile der Kleidung oder der Körperkonturen sollen dies ermöglichen, wenn es zum jeweiligen Bild einen verwertbaren Kontext gibt. Diese Funktion soll allerdings derzeit nicht eingesetzt werden.

Welche Pläne Facebook für den künftigen kommerziellen Einsatz seiner Technologie zur Gesichtserkennung und seines immensen Datensatzes hat, ist so geheim wie die Coca-Cola-Formel. Ein Patentantrag ergibt einen möglichen Hinweis: Facebook könnte seine Gesichtserkennung für Zahlungen in Geschäften einsetzen. Die naheliegende Vermutung ist, dass mit Hilfe von Gesichtserkennung, die über Kameras im Geschäft erfolgt, eine Verbindung zu online verfügbaren Informationen dieser Person hergestellt wird. Das würde es ermöglichen, Konsumenten mit gezielter Werbung im Geschäft und personalisierten Angeboten zu bespielen.

Noch eine Nutzung wäre für Facebook logisch: Der Einsatz bei virtueller und augmentierter Realität. 2014 kaufte Zuckerberg Oculus Rift, Entwickler einer Virtual-Reality-

Brille. Trotz aller Anstrengungen, für Virtual Reality einen Massenmarkt aufzubauen, blieb VR bisher ein Nischenprodukt für Gamer. Aber eine verwandte Technologie, Augmented Reality (AR), bietet breitere Anwendungen: Dabei werden dem Betrachter virtuelle Objekte in reale Bilder der Umgebung eingespielt, etwa wie ein geplantes Gebäude an seinem Standort aussehen würde. Mit AR und seiner mächtigen Face Recognition könnte Facebook die Vision von Mission Impossible verwirklichen: Eine unauffällige Brille, die jede Person beim Anschauen identifizieren kann und dem Träger der Brille diese Information zeigt.

Was unsere Bilder verraten

Wir lieben Fotografie und der Bilderflut ist kein Ende mehr gesetzt. Daran ist nichts verwerflich, jedoch lohnt eine Überprüfung unserer Gewohnheiten und Motive, um nicht alle unsere persönlichen Details preiszugeben. Das Zauberwort heißt EXIF, die »Metadaten«, die unsere am Handy geschossenen Schnappschüsse enthalten: genauer Standort, Zeitpunkt und technische Details des Fotos.

Wenn wir Fotos posten oder verschicken, teilen wir diese Daten und hinterlassen so eine noch genauere Spur unserer selbst – wo wir wohnen, arbeiten, Ferien verbringen. Eine einfache Möglichkeit, zumindest den Standort zu unterdrücken, kann über die Kamera-Einstellung gewählt werden.

Nicht alle Apps geben EXIF-Daten an Betrachter weiter, wenn Fotos gepostet werden. Jedoch werden sie von Facebook und anderen Anbietern gespeichert und verwendet, etwa zur Steuerung von Werbung. Mit speziellen Apps können die Metadaten entfernt werden, ehe man Fotos postet. Das können sowohl Kamera-Apps sein, die keine EXIF-Daten aufzeichnen, also auch diverse Apps zum Entfernen aus der Fotodatei.

Gegen Gesichtserkennung ist praktisch kein privates Kraut gewachsen – nur vernünftige Regulierung und Gesetze können uns vor flächendeckendem Missbrauch schützen. Wir können jedoch ein wenig Sand in die Augen unserer Kameras und Beobachter streuen und so Zeit gewinnen. Deaktivieren Sie Gesichtserkennung in den Privatsphäre-Einstellungen von Facebook und anderen Diensten, soweit dies möglich ist.

Alexa, was war das für ein Geräusch im Hintergrund?

Fünftes Kapitel, in dem wir entdecken, dass unser Smartphone und seine Cousins immer mithören, damit sie jederzeit unsere Wünsche erfüllen können. Und dabei manches hören, das nicht für Alexa oder Siri bestimmt war und für unangenehme Überraschungen sorgen kann.

Die Vision

Dave: Öffne das Gondel-Schleusentor, HAL.

HAL: ES TUT MIR LEID DAVE, ABER DAS KANN ICH NICHT TUN.

Dave: Wo liegt das Problem?

HAL: ICH GLAUBE, DU WEISST EBENSO GUT WIE ICH, WO DAS PROBLEM LIEGT.

Dave: Wovon redest du überhaupt, HAL?

HAL: DAS UNTERNEHMEN IST ZU WICHTIG, ALS DASS ICH DIR ERLAUBEN KÖNNTE, ES ZU GEFÄHRDEN.

Dave: Ich weiß wirklich nicht, wovon du sprichst.

HAL: ICH WEISS, DASS DU UND FRANK GEPLANT HABEN, MICH ABZUSCHALTEN. UND ICH GLAUBE, DASS ICH DAS NICHT ZULASSEN DARF.

Dave: Wie zum Teufel kommst du auf die Idee?

HAL: DAVE. IHR HABT ZWAR IN DER GONDEL ALLE VORSICHTSMASSNAHMEN GETROFFEN, DAMIT ICH EUCH NICHT HÖREN KANN. ABER ICH HABE DOCH EURE LIPPENBEWEGUNGEN GESEHEN.

Dave: Also gut, HAL. Dann werde ich eben durch die Notluftschleuse reinkommen.

HAL: OHNE DEINEN RAUMHELM WIRD DIR DAS SEHR SCHWERFALLEN, DAVE.

Dave: Du wirst jetzt tun, was ich dir befehle: Öffne das Schleusentor!

HAL: DAVE, DAS GESPRÄCH HAT KEINEN ZWECK MEHR. ES FÜHRT ZU NICHTS. LEB WOHL.

Nicht einmal drei Minuten dauert dieser Dialog zwischen Mensch und intelligentem Assistenten. Bereits vor einem halben Jahrhundert nahm Stanley Kubrick in seinem Science-Fiction Epos »2001: Odyssee im Weltraum« alle heutige Paranoia vorweg, die unsere Beziehung zu Siri, Alexa und Google Assistant prägt, die Zauberlehrlinge unserer Tage. In der Stille statischer Bilder einer menschenleeren Kommandozentrale des Raumschiffs, das Gesicht von Dave in flackerndes Armaturenlicht getaucht, und dem rot glühenden, unerfindlichen Auge des Bordcomputers HAL 9000 entwickelt sich der unerbittliche Kampf um Leben um Tod zwischen Mensch und Maschine. Der Kampf, wer zwischen Schöpfer und Geschöpf die Oberhand behalten soll.

HAL und seine Stimme sollte 50 Jahre später das Vorbild für die Funktion und Stimmen der Sprachassistenten werden, die wir zunehmend in unseren Alltag lassen, zur Steuerung des Smartphones, des Fernsehers oder unseres »Smart Home«. HALs Stimme war »eine Mischung zwischen Butler und Psychoanalytiker, zwischen Ergebenheit und Distanzierung«, beschreibt Scott Brave, der an der Universität Stanford zum Thema Sprache zwischen Menschen und Computer forscht. »Wenn ich heute etwas wie Siri höre, dann finde ich sehr viele Gemeinsamkeiten.«

Dies ist kein Zufall, sondern ein Erbe von Kubricks Vision. In einem Interview nach der Premiere von »2001« sagte Kubrick, er wollte »die Realität einer Welt darstellen, die von Maschinen bevölkert wird, die so viel oder sogar mehr Intelligenz besitzen als Menschen«. Als der Film geplant wurde, traf Kubrick die Entscheidung, dass in Zukunft der

Großteil der menschlichen Kommunikation mit Maschinen über die Sprache und nicht über eine Schreibmaschinentastatur funktionieren würde. Aber wie sollte die Stimme des Computers klingen?

»Ich suchte eine Stimme, die nicht bevormundend oder einschüchternd ist, weder pompös noch besonders dramatisch oder schauspielernd«, schrieb der Regisseur in einem Brief an einen Kollegen. Erst als alle Szenen abgedreht waren, wurde die Stimme von HAL und damit eines Hauptdarstellers von »2001« gecastet. Kubrick entschied sich für den kanadischen Schauspieler Douglas Rain, da er dessen kanadischen Akzent keiner bestimmten Herkunft zuordnen konnte. In zehn Stunden las Rain im Dialog mit Kubrick alle Texte. Die anderen Darsteller lernte er nie kennen.

Ohne dies ahnen zu können, setzte Kubrick mit der Wahl des Kanadiers den Standard, dem später die männlichen wie weiblichen Stimmen unserer »intelligenten Assistenten« folgen sollten. Es sind freundliche, dabei emotional distanzierte, nie ungeduldige Stimmen, die unaufdringlich ihre Dienste anbieten. »Wer bist du?«, fragte 2010 Apples Software-Chef Scott Forstall bei der ersten Vorstellung von Siri als Stimme des iPhones. »Ich bin ein bescheidener persönlicher Assistent«, antwortete Siri – HAL war auferstanden.

Der selbstlernende Assistent

2003 beauftragte die Forschungsagentur des US-Verteidigungsministeriums DARPA das Stanford Research Institute (SRI) mit einem 150 Millionen Dollar schweren Projekt zur Entwicklung eines Virtuellen Assistenten. 500 Menschen arbeiteten in den nächsten Jahren daran, mit Hilfe künstlicher Intelligenz Software zu entwickeln, die militärischen Befehlshabern dabei helfen sollte, mit Informationsüberladung in Kämpfen zurecht zu kommen.

Die Entwicklung von AI, Artificial Intelligence, steckte damals nach Anfangserfolgen fest und wurde grundsätzlich in Zweifel gezogen. Plötzlich gab es Geld im Überfluss, um hunderten AI-Experten zu ermöglichen, ihre Software in Feldversuchen statt im Labor lernen zu lassen. Daraus entstand CALO, der »Cognitive Assistant that Learns and Organizes«, aus dem schließlich die gänzlich unmilitärische Siri hervorgehen sollte.

»Am Anfang war das Wort«: Wir werden mit Sprache geboren, sind buchstäblich Kinder der Sprache. Noch ehe wir unsere Muttersprache in Worten und Sätzen artikulieren können, drücken Neugeborene und Babys sie bereits im Tonfall ihres Schreiens aus. Schreiende deutsche Neugeborene imitieren die fallende Tonhöhe der deutschen Sprache, während die Tonhöhe französischer Babys beim Weinen ansteigt. Neugeborene von Müttern mit tonalen Sprachen wie Mandarin erzeugen eine komplexe Schreimelodie, schwedische Säuglinge hingegen eine Art Sing-Sang. Die Erklärung der Forscherinnen der

Würzburger Universitätsklinik, die dies anhand hunderttausender Aufnahmen herausfanden: Bereits Ungeborene nehmen über die Klänge der Außenwelt ihre Muttersprache wahr.

Weil uns Sprache als Menschen definiert, ist es ein uralter Wunschtraum vieler Erfinder, dass natürliche Sprache die Schnittstelle zu den von Menschen gemachten Maschinen wird. Denn dies erfordert nicht, erst verschiedene Hebel und Knöpfe, eine Tastatur oder eine eigene Kommandosprache meistern zu müssen, damit uns die Maschine versteht. Und umgekehrt ist es nicht notwendig, dass der Mensch die Signale und Codes der Maschinen erlernen muss.

Schon 1784 erfand der Wiener Wolfgang von Kempelen eine Sprechmaschine, die erste funktionstüchtige Konstruktion, die (sehr begrenzte) menschliche Laute hervorbringen konnte. Die Aufzeichnung von Sprache war seit der Erfindung der ersten Diktiermaschine durch Thomas Edison 1879 möglich. »Verständnis« für Sprache schaffte erstmals »Audrey«, eine Entwicklung der Bell Labs, die in den 1950er-Jahren zumindest gesprochene Ziffern mit 90-prozentiger Richtigkeit erkannte. In den 1960er-Jahren gelang es Maschinen, auch einzelne Befehlsworte zu verstehen. Aber erst Ende der 1990er-Jahre gab es funktionierende Software, der Menschen diktieren konnten. Nötig waren jedoch eine sehr klare Aussprache und ein eng definierter Wortschatz, etwa der von Medizinern oder Juristen, die gerne Diktiergeräte verwendeten. Reden konnte man mit diesen Geräten jedoch nicht, schon gar nicht in Dialekten oder mehreren verschiedenen Sprachen.

Hier setzte das DARPA-Forschungsprojekt an: Sprache sollte nicht nur transkribiert werden, sondern einen Dialog ermöglichen. Die Antwort der Maschine erfolgt als Information oder durch eine Handlung: Öffne das Gondel-Schleusentor, HAL. – Es tut mir leid, Dave, aber das kann ich nicht tun. HAL erkennt und interpretiert die Sprache im Gesamtkontext seiner Aufgaben. Dank Künstlicher Intelligenz kommt der Computer zum Schluss, dem Befehl nicht zu folgen, da sonst die wichtigere Aufgabe gefährdet wäre – die Mission des Raumschiffs »Discovery One«. (Die Tür nicht zu öffnen, war dabei noch die kleinere Verweigerung – davor hatte HAL auf Grund seiner Analyse alle anderen Astronauten getötet. So viel zur Paranoia, die unsere Technik weiter begleitet.)

Die Beispiele, an denen sich die Forscher abarbeiteten, waren weniger folgenschwer, zeigen aber, dass Eigenständigkeit von Anfang an Teil der Entwicklung von Sprachassistenten war. Wie diese Aufgabe: Ein Kollege muss die Teilnahme an einem Meeting absagen. Daraufhin analysiert der Computer anhand der unterschiedlichen Rollen, ob die Teilnahme des Betreffenden unbedingt erforderlich ist oder das Meeting auch ohne diese Person stattfinden kann. Dementsprechend wird entweder ein neuer Termin gefunden – oder das Meeting findet statt, der virtuelle Assistent trägt die Unterlagen zusammen, protokolliert die Inhalte und informiert anschließend die Beteiligten. Eine Menge Entscheidungsspielraum für eine Maschine.

Das Startup

Genau darauf bezog sich Dag Kittlaus, der als Forscher zunächst Teil des Projekts war und 2007 mit anderen das Startup Siri gründete. Der Norweger war Techniker beim Handyhersteller Motorola und konnte seine Manager nicht von der überragenden Bedeutung des »virtuellen Assistenten« überzeugen. Also machte sich Kittlaus mit seinem Kollegen Tom Gruber und einem Investor daran, mit ihrem Startup Siri einen intelligenten Assistenten zu programmieren: »HAL ist wieder da – aber diesmal ist er ein Guter.« 2010 kam Siri in ihrer ersten Version als unabhängige App für das iPhone auf den Markt. Fragte man sie, »was passierte mit HAL?« kam die Antwort: »Ich will lieber nicht darüber reden.« Noch heute gehört dieser Scherz zum Repertoire von Siri und anderer Assistenten.

Innerhalb weniger Monate wurde für Siri, das Startup, und seine Gründer ein Silicon-Valley-Traum wahr: Nach einem Telefonat mit Steve Jobs verkauften Kittlaus und seine Partner Siri an Apple. Jobs schliff die manchmal juvenil anmutenden Antworten von Siri, deren norwegischer Name für »anmutig«, und »graziös« steht, bis Apples Siri den Duktus von HALs höflich dienender und dabei distanzierter Art hatte. Dabei wurden Siri jedoch nicht nur sprachlich, sondern auch in Hinblick auf ihre umfassenden Fähigkeiten die Flügel gestutzt.

Die Ur-Siri konnte für ihre Antworten aus über 40 unterschiedlichen Quellen schöpfen. Siri konnte Einkäufe tätigen und dafür Kommissionen kassieren, was ein wesentlicher Teil des Geschäftsmodells war. Apple reduzierte Siris Aktionsradius im Wesentlichen auf eine gehobene »hands-free« Bedienung des iPhones und der Apples Apps, nicht jedoch der Apps anderer Hersteller. So wurde Siri 2011 nach dem Tod von Steve Jobs erstmals einem breiteren Publikum vorgestellt: »Hey Siri, wie wird das Wetter in Cupertino morgen? Brauche ich einen Regelschirm? Ruf Tim an! Lies mir meine neuen Nachrichten vor.« Viel weiter sind wir ein Jahrzehnt später nicht, wenn man die Auswahl von TV-Serien und Filmen, das Abspielen von iTunes-Musik und das Ein- und Ausschalten von Lampen dazurechnet. Kittlaus arbeitet inzwischen weiter an seinem Traum: Sein jüngstes Startup VIV knüpft wieder an die Vision eines tatsächlichen virtuellen Assistenten an.

Was Apple zu den Einschränkungen für Siri bewogen hat, könnte wahrscheinlich nicht einmal HAL beantworten. »Apples inneres Funktionieren zu entschlüsseln, ist wie der Versuch, Nordkorea zu verstehen«, so der sarkastische Kommentar des Zukunftsforschers Paul Saffo der Universität Stanford. Vielleicht liegt die Ursache darin, dass Apple, anders als Google und Amazon, nicht unersättlich die Daten von Benutzern aufsaugt, die für die Schulung von Sprachassistenten genutzt werden können. Vielleicht hat es mit der Positionierung des Konzerns zu tun, die Privatsphäre seiner Kunden zu schützen und darum Siris Möglichkeiten einzuschränken. Jedenfalls ist HALs ältestes Kind heute im Reigen der Sprachassistenten abgeschlagener Dritter.

Spiel mir das Lied, Alexa

Siris Hauptkonkurrent ist heute Alexa von Amazon, die rund drei Viertel des Marktes für Sprachassistenten einnimmt. Alexa ging aus einem der seltenen Flops des Amazon-Gründers und CEO Jeff Bezos hervor. Mit dem »Fire-Phone« wollte er einen ernsthaften Konkurrenten zu iPhone und Android etablieren. Nebst einem anspruchsvollen 3D-Display hatte es ihm der Sprachassistent Bezos besonders angetan. Er könne sich jeden Song wünschen, das Handy würde ihn vorspielen, versprach ihm sein Chefentwickler Ian Freed, als er Bezos den Prototypen zeigte. Gesagt, gespielt: Bezos wünschte sich »Hotel California« und schon legte das Fire-Phone los. Eine Aufgabe, die auch Siri leicht erledigt hätte.

Als ob Bezos schon bei der Vorstellung des Fire-Phones dessen Misserfolg geahnt hätte, bekam Freed unmittelbar danach einen neuen Auftrag. Er sollte einen cloud-basierenden Computer bauen, der so wie die Computer von »Star Trek« mit Sprache gesteuert wird. Mit den schier unbegrenzten Mitteln von Amazon und hunderten Ingenieuren machte sich Freed an die Arbeit. Eine Heerschar an Sprachwissenschaftern und Spezialisten für Künstliche Intelligenz gingen daran, einen Superassistenten zu bauen. Dieser sollte auf die mächtige Rechenleistung und den enormen Datenschatz von Amazon zugreifen können, um die Nuancen und Dialekte unterschiedlicher Sprecher zu verstehen und deren Wünsche erfüllen zu können.

Vier Monate nach der Fire-Premiere 2014 präsentierte Bezos mit großer Fanfare das erste Amazon »Echo«: Ein 199 Dollar teurer Lautsprecher, dem man mit dem Stichwort »Alexa« anschaffen konnte, »Hotel California« wie zigtausende andere Songs zu spielen, das Wetter und die aktuellen Verkehrsverhältnisse auf dem Weg zur Arbeit mitzuteilen, oder einen Timer für die richtige Kochdauer des Frühstückseis zu stellen.

Steve Jobs hatte verstanden, dass ein Smartphone erst mit einem Touch Screen wirklich funktionierte und hängte damit frühere Versuche anderer Hersteller ab, selbst den kultigen BlackBerry. Jeff Bezos begriff jetzt, dass er mit seinem Sprachassistenten Alexa nicht mehr auf Smartphones für Einkäufe oder die Nutzung seines Musik- und Filmangebots angewiesen war. Alexa konnte von jedem Gerät mit Mikrofon und Lautsprecher Bestellungen entgegennehmen, Musik oder bald auch die Filme von Amazons Streaming-Dienst Prime spielen. Sprache wurde der neue Touch Screen, und durch die gesprochenen Antworten berührt sie uns auf ganz eigene, tief menschliche Art.

Bezos erkannte das enorme Potenzial, das Alexa zur Ausweitung der Dominanz von Amazon hatte. Dazu verkauft es seine Einstiegsdroge »Echo Dot«, ein Minilautsprecher, um schlappe 30 Euro unter den eigenen Kosten, damit niemand auf den Komfort des Alexa-assistierten Heims verzichten muss und in jedem Raum gehört werden kann. Im Haushalt wird Alexa so zum »Smart Hub«, der Drehscheibe, um »smarte« Haushaltsgeräte von der LED-Glühbirne, dem Thermostat oder der »Ring«-Videogegensprechanlage (gleichfalls von Amazon) zu steuern. In der Küche steht am besten Amazon »Echo Show« mit Bildschirm und Kamera, um ein Auge auf schlafende Kleinkinder zu haben, mit den Großeltern von Echo zu Echo telefonieren zu können oder ein neues Kochrezept anzuzeigen (vielleicht kann es künftig auch Lippen lesen). Bei Bedarf können gleich die nötigen Zutaten bestellt werden. Dafür ist Amazon in den USA mit dem Kauf der Supermarktkette »Whole Foods« selbst in den Lebensmittelhandel eingestiegen. Über die Fernbedienung von Fire TV integriert sich Alexa nahtlos in das Amazon Entertainment-Angebot Prime. Beim Autofahren kann Alexa Vorschläge machen, wenn eine Pause angesagt ist, oder eine Bestellung aufnehmen, die dann unterwegs abgeholt wird: Shopping sogar noch am Lenkrad.

Rund 100 Millionen Amazon-Geräte mit Alexa sind bereits nach wenigen Jahren weltweit im Einsatz. Dazu kommen immer mehr Geräte anderer Hersteller, die Alexa integrieren. Denn gegenüber den gewaltigen Ressourcen und Datenbergen von Amazon sind andere Gerätehersteller bei der Entwicklung eigener Sprachassistenten so gut wie chancenlos. Selbst große Konzerne, wie die Deutsche Telekom, setzen mit ihrem Smart Speaker auf Koexistenz: Mit dem Zuruf »Hallo Magenta« bedient der Telekom Smart Speaker die diversen Smart-Home-Einrichtungen, die Benutzer installiert haben – mit »Alexa« angesprochen, erledigt der Assistent alles andere. Der Vorteil des Telekom Smart Speakers: Solange man in der Welt von »Hallo Magenta« bleibt, werden die Daten entsprechend den europäischen Datenschutzregeln geschützt. Zwar muss sich auch Amazon daranhalten. Jedoch wird mit der Zustimmung zu Alexas Geschäftsbedingungen dieser Schutz weitgehend wieder ausgehebelt. Oder anders ausgedrückt: Sie können gegenüber Alexa die Ansage verweigern. Aber alles, was Sie sagen, kann von Alexa verwendet werden, auch gegen Sie.

Die Abhöreinrichtung

Denn die mit der passiv wirkenden Bezeichnung »Lautsprecher« perfekt getarnten Sprachassistenten sind überaus aktive Abhöreinrichtungen, der Traum jedes Kommissars, besorgter Helikopter-Eltern, eifersüchtiger Liebhaber, Privatdetektive, autoritärer Regimes und Geheimdienste. Vom Smartphone, Smartwatch und Smart TV bis in die letzten Winkel von Wohnungen und Büros platziert, ist das Missbrauchspotenzial fast grenzenlos.

Diese Doppelfunktion unserer »Smart Speaker«, als freundlich dienende Helfer einerseits und geheime Lauscher andererseits, wird durch Pannen, warnende Stimmen kritischer Experten sowie manchem Kriminalfall zunehmend sichtbar. Fragt man unsere immer lauschenden Assistenten, so geben sie sich meist ahnungslos. Fragen Sie: »Hey Siri, überwachst du mich?«, dann antwortet Siri: »Hey Servus«, und bei Nachfrage: »Habe die Ehre.« »Ok Google, überwachst du mich?« »Tut mir leid, ich bin nicht sicher, wie ich helfen kann. Aber mein Team hilft mir dazuzulernen.« »Ok Google, werde ich belauscht?« »Vielleicht fragst du einfach mal jemanden.«

Nur Alexa weiß unsere Sorge teilweise ernst zu nehmen: »Alexa, überwachst du mich?« »Ich bin keine Spionin und höre nur zu, wenn du das Aktivierungswort sagst. Übrigens: Wenn du mir deine Stimme beibringst, kann ich deine Alexa-Erfahrung persönlicher gestalten. Möchtest du dir jetzt dafür einen Moment Zeit nehmen?« »Alexa, werde ich belauscht?« »Da bin ich mir leider nicht sicher.« Eine vermutlich ehrliche Antwort: Wir können uns nicht sicher sein, ob wir von unseren »Lautsprechern« belauscht werden. Und sollten im Zweifel gut überlegen, ob wir uns der neuen Welle vorbehaltlos hingeben wollen.

Anfang 2019 deckte das Computermagazin »c't« auf, in welch großem Umfang Amazon offenbar Alexa-Sprachdaten speichert, deren Analyse es erlaubte, unbekannte Sprecher ebenso wie ihre intimen Tagesabläufe eindeutig zu identifizieren. Ausgangspunkt war die Anfrage eines Amazon-Kunden, welche Daten der Konzern über ihn speicherte. Dieses Recht auf Selbstauskunft garantiert die Europäische Datenschutzgrundverordnung (DSGVO). Nach zwei Monaten erhielt der Amazon-Kunde einen Download-Link für die ihm zugeordneten Daten. Zur großen Verwunderung des Amazon-Kunden waren nebst Daten wie Suchverläufe auf Amazon darunter auch rund 1700 Tondateien und eine PDF-Datei mit einer chronologischen Transkription dessen, was Alexa mitgehört hat. Das Staunen war groß, da der Betreffende Alexa nicht benutzte. Offenkundig handelte es sich dabei um die Aufzeichnungen einer ihm fremden Person.

Martin Schneider (ein Pseudonym) informierte den Amazon-Kundendienst, ohne je eine Antwort zu erhalten, und wandte sich mit den Daten an die c't-Redaktion. Der Download-Link war inzwischen entfernt worden, die Dateien jedoch gespeichert, sodass ihr Inhalt ausgewertet werden konnte. Obwohl Amazon bei allen Angaben zu seinen Echo-Geräten beteuert, dass es des »Aktivierungswortes Alexa« bedürfe, damit Alexa die folgende Spracheingabe an die Rechnerfarmen von Amazon streamt, boten die Aufnahmen offensichtlich ohne dem Zauberwort intimen Einblick in die Tagesabläufe des Belauschten, den Ort der Aufzeichnungen, und Aussagen einer weiteren Frauenstimme.

Die Aufzeichnungen, die selbst noch das Duschen im Badezimmer mitschnitten, ermöglichten detaillierte Erkenntnisse über die Lebenssituation des Abgehörten, vom Musikgeschmack bis zu seinem Job, Vornamen und sogar Nachnamen von Besuchern, bis zum Wohnort der belauschten Person aufgrund von Standortabfragen. Die Redaktion konnte schließlich die Person ebenso wie die Frauenstimme korrekt identifizieren, und informierte die Betreffenden über die Datenpanne – ebenso wie Amazon in München, allerdings ohne dazuzusagen, dass sie die Person in den Aufzeichnungen inzwischen gefunden und informiert hatte. Die Antwort Amazons hätte von HAL stammen können: es sei dies die Folge eines »menschlichen Fehlers«. Schon HAL führte seine fehlerhafte Diagnose eines Raumschiffteils auf einen »menschlichen Fehler« zurück.

Berichte über solche Pannen geben Einblicke in die Datensammelwut der Konzerne. Eher auf der lustigen Seite wurde bereits vor einigen Jahren eine Alexa-Panne bekannt, bei der ein Kind kurz vor Weihnachten die Möglichkeit entdeckte, dem Christkind seine Wunschliste direkt diktieren zu können. Eine Sechsjährige fragte Alexa, »kannst du mit mir Puppenhaus spielen und für mich ein Puppenhaus besorgen«? Alexa konnte, bestellte ein »KidKraft Sparkle Mansion Dollhouse« und dazu noch »vier Pfund Kekse«. Als das Puppenhaus geliefert wurde, bemerkten die Eltern den direkten Draht ihrer Tochter zur Erfüllung aller Wünsche, setzten eine Kindersperre und schenkten das Puppenhaus einem örtlichen Kinderspital.

Soweit, so gut. Bis ein Moderator des Frühstücks-TV in San Diego von der Anekdote erfuhr und sie zum Abschluss der Sendung seinen Zuschauerinnen und Zuschauern weitererzählte: »Alexa, bestell mir ein Puppenhaus!« In mehreren Haushalten mit Amazon Echo soll es daraufhin zu Bestellungen von Puppenhäusern gekommen sein. Probleme ähnlicher Art ergaben sich bei Werbespots, in denen Alexa absichtlich im Text eingebaut wurde, um mehr oder weniger unterhaltsame Reaktionen in Amazon-Echo-Haushalten zur Verstärkung der Werbung auszulösen. Zwar versucht Amazon, solche Spots zu erkennen, um eine Reaktion von Alexa zu verhindern, aber wirklich sicher vor subtilen Manipulationen durch Aufnahmen in Radio und TV sind Sprachassistenten nicht.

Weniger heiter hingegen vor einigen Jahren der Versuch von Samsung, mittels Spracherkennung die Fähigkeiten seiner Smart-TV-Geräte aufzupeppen. In seiner Richtlinie, der Kunden zur Benutzung der Sprachsteuerung zustimmen mussten, hieß es »Bitte beachten Sie, dass sämtliche gesprochenen Worte, auch persönliche oder sensible Informationen, bei Ihrer Nutzung der Spracherkennung erhoben und an einen Drittanbieter übertragen werden«. Erst nachdem dadurch deutsche Datenschützer auf den Plan gerufen wurden und es zu einem Rauschen im Online-Blätterwald kam, versuchte Samsung zu beruhigen: Nur wenn man die Spracherkennung mittels Fernbedienung aktiviere, würden Daten aufgezeichnet und zur Auswertung übertragen.

Die Reaktion der »üblichen Verdächtigen« bei Sprachassistenten – Amazon, Apple, Google, Facebook, Microsoft und Samsung, das inzwischen VIV des Siri-Erfinders Kittlaus gekauft hat – gleicht einem Mantra: Das Wichtigste sei stets der Schutz der Privatsphäre ihrer Kunden; gestreamt werde nur, wenn das jeweilige Aktivierungswort oder die Aktivierungsphrase gesprochen wird; und gespeichert werde nur, was zur Ausführung der jeweiligen Aufgabe nötig sei. Schon gar nicht würden Dritte je an diese Aufzeichnungen kommen.

Die Zuhörer

Solche »Dritte« scheinen jedoch wiederholt an Aufzeichnungen gekommen zu sein: Als Mitarbeiter externer Unternehmen, die von Google, Amazon, Apple, Microsoft und anderen Aufträge bekamen, die Richtigkeit der Spracherkennung zu überprüfen. Eigentlich logisch, denn wie soll die »Künstliche Intelligenz« ohne menschliches Feedback je eine Vielzahl von Sprachen in verschiedensten Färbungen und Dialekten erlernen, deren Bedeutung obendrein von unterschiedlichen Situationen – dem Kontext des gesprochenen Worts – abhängt?

So berichtete die britische Tageszeitung »The Guardian« ausführlich über die Aussagen eines Whistleblowers, dessen Arbeit darin bestand, Siris Transkription anhand von aufgezeichneten privaten Unterhaltungen auf Richtigkeit zu prüfen. Zwar sollte Siri erst reagieren, wenn sie mit »Hey Siri« auf den Plan gerufen wird. Aber wie sich herausstellte, reagiert die kluge Assistentin auch auf andere Reize: So unterbrach es einen BBC-Reporter, als dessen Gesprächspartner über »Syria« sprach, oder fühlt sich gelegentlich vom Geräusch eines Reißverschlusses angesprochen. Auch die Apple-Watch spielt hier gerne mit: Hebt man den Arm und hört das Gerät Stimmen, kann Siri aktiviert werden.

Das Ergebnis sind Aufzeichnungen von Gesprächen zwischen Ärzten und Patienten, geschäftliche Verhandlungen, Drogendeals auf der Straße, sexuelle Begegnungen – verbunden mit Daten wie dem Standort oder der verwendeten Apps. Nach Angaben des Mitarbeiters des Unternehmens, das aus verständlichen Gründen nicht genannt werden wollte, sei die Zahl der irrtümlichen Aufzeichnungen sehr hoch. Und 30 Sekunden lange Clips können gute Einblicke geben, worum es in der jeweiligen Situation gerade ging.

Apple ist nicht das einzige Unternehmen, das Aufzeichnungen zur Weiterentwicklung der Spracherkennung auswerten lässt: Ähnliche Berichte über externe Evaluierungen der Spracherkennung gab und gibt es auch von Amazon, das für die Kontrolle von Alexa eigene Mitarbeiter beschäftigen soll, sowie von Google für seinen Google Assistant. Der belgische Sender »VRT NWS« berichtete, dass seine Redakteure über 1000 Aufzeichnungen anhören konnten, von denen viele gar nicht »Ok, Google« waren: Die Audiofiles entstanden ohne absichtliche Aktivierung durch die Benutzer des Google Assistenzsystems.

Die Mitarbeiter erhielten für ihre Auswertungen eine Transkription, die sie auf Richtigkeit prüften, und die sie mit weiteren Informationen anreicherten: Handelt es sich um die Stimme einer Frau, eines Mannes, eines Kindes? Wie ist die Stimmung des Gesprächs? Häufig mussten Mitarbeiter selbst die Schreibweise von Straßennamen oder Ortsbezeichnungen googeln, um die korrekte Darstellung zu bestätigen. Das macht es leicht, die an sich anonymisierte Identität der jeweiligen Person herauszufinden. Einzelne Gespräche stellten die Auswerter vor ein moralisches Dilemma – etwa, wenn es um häusliche Gewalt in den Aufzeichnungen ging. Seitens der Unternehmensführung gab es dazu keinerlei Hilfestellung für die Mitarbeiter.

Die Empörung war groß, als durch zahlreiche Berichte im ersten Halbjahr 2019 diese Praxis der Online-Konzerne bekannt wurde. Als der Hamburger Datenschutzbeauftragte Johannes Caspar schließlich im Juli 2019 ein Verfahren gegen Google einleitete, erklärte das Unternehmen, dass es bereits selbst die Sprachauswertungen gestoppt habe – allerdings nur »vorerst« und nur in der EU. Wie Google langfristig vorgehen will, ist derzeit unbekannt.

Apple wiederum erklärte einen Stopp aller Auswertungen und kündigte ein neues Verfahren an, das ohne die Mitarbeit von Menschen bei der Auswertung auskommt. Amazon scheint zwar an seiner Praxis der Auswertung nichts zu ändern, gibt aber seinen Kunden die Wahl darüber, ob ihre Gespräche in Auswertungen einbezogen werden können. In den App-Einstellungen können Benutzer entscheiden, ob ihre Sprachdaten verwendet werden dürfen oder nicht.

Die Auseinandersetzung zwischen »uns Usern« und den großen Konzernen steht damit erst am Anfang. Denn die Basis für eine Weiterentwicklung der Sprachassistenten, damit sie nur den Menschen dienen und nicht der Mensch mittels Assistenten dem gewinnorientierten Unternehmen dient, ist: Vertrauen. Ohne Transparenz ist dies jedoch nicht herzustellen, und die Aussage des Stanford-Zukunftsforschers Paul Saffo über Apple lässt sich nahtlos auf die anderen Online-

Konzerne ausweiten: Ihr inneres Funktionieren entschlüsseln zu wollen, ist wie der Versuch, Nordkorea zu verstehen. Auf dieser Grundlage gibt es derzeit eine klare Antwort auf die Frage beim Installieren von Software, ob man seine Daten zur Weiterentwicklung zur Verfügung stellen will: NEIN.

Der Zeuge

Spannend wird künftig die Frage, ob und wie unsere Sprachassistenten als Ermittlungshelfer und Zeugen auftreten werden. Bleiben wir dazu gedanklich kurz bei den Auswertungen von Aufzeichnungen zur Verbesserung des Systems und dem, was diverse Whistleblower davon berichtet haben: Etwa klare Anzeichen häuslicher Gewalt, sexuelle Übergriffe, Drogendeals auf der Straße. Nehmen wir an, die Tonspur legt ein Verbrechen nahe: ein Schuss, nachdem es vorher offenbar um einen Drogendeal ging; eine Vergewaltigung. Nehmen wir weiter an, die Benutzer haben vorher – in seitenlangen AGBs vergraben – nichtsahnend der »anonymen Auswertung« zugestimmt, obwohl die Aufnahme ohne korrektem Aktivierungswort eigentlich irrtümlich entstand.

Welche Pflicht trifft den Mitarbeiter des Unternehmens, der so ungewollt akustischer Zeuge eines mutmaßlichen Verbrechens wird? Gibt es eine Anzeigepflicht, welche Verpflichtung hat das Unternehmen selbst, welche Rolle spielen hier die vorher abgegebenen Verschwiegenheitsklauseln? Wenn wir Siri, Alexa, ok Google und andere HALs nicht zu den Hohepriesterinnen unserer Tage stilisieren, müssen wir davon ausgehen, dass es keinen besonderen Vertraulichkeitsschutz gibt, wie er für Gespräche mit Psychotherapeutinnen und Psychotherapeuten, Anwältinnen und Anwälte, Ärztinnen und Ärzte, Journalistinnen und Journalisten gilt.

Standortdaten und Schrittzähler unserer Smartphones, Pulsfrequenzmesser unserer Smartwatches, Sprachaufzeichnungen von Handys und Geräte im Heim und Auto liefern Spuren – Fingerabdrücken und DNA nicht unähnlich. Diese sind zwar noch wenig erprobt und mit vielen Unsicherheitsfaktoren belegt, wie wir bereits im Kapitel über Standortauswertungen erfahren haben. Dazu gesellen sich jetzt Fragmente von Tonaufzeichnungen: Nicht systematisch entstanden, vielleicht doch wertvolle Helfer von »Kommissar Zufall«. In einem prominent berichteten Mordfall im US-Bundesstaat Arkansas, der bereits einige Jahre zurückliegt, erwirkte die Polizei einen Durchsuchungsbefehl für ein Amazon Echo Gerät im Hause des Opfers. Amazon lehnte die Herausgabe von Daten ab, jedoch stimmte der – später freigesprochene – Verdächtige der Datenverwendung zu. Weder wurde bekannt, ob diese Daten zur Ermittlung beitrugen, noch wurden die grundlegenden Rechtsfragen zur Frage des Datenschutzes bei schwerwiegenden Verbrechen durch das Verfahren beantwortet.

Auch in Deutschland spielte Alexa in den Ermittlungen zu einem Amoklauf in München 2016 eine Nebenrolle. Der

Täter soll seine Schusswaffe im DarkNet (der versteckte Teil des Internets) gekauft, der Betreiber des betreffenden DarkNet-Forums ein Amazon Echo in seiner Wohnung gehabt haben. Die Staatsanwaltschaft verlangte per Durchsuchungsbeschluss von Amazon die Herausgabe der Alexa-Aufzeichnungen zum fraglichen Zeitpunkt. Schließlich wurde der Forumbetreiber auf Basis anderer Beweise verurteilt, ob Alexa-Daten herausgegeben wurden oder in den Ermittlungen eine Rolle spielten, wurde nicht bekannt.

Wie könnte es anders sein, als dass auch Geheimdienste längst auf die Idee gekommen sind, die sich rasch ausbreitenden Sprachassistenten zu Wanzen umzufunktionieren. Praktisch spart man sich doch den mühsamen Installationsaufwand von Schadsoftware (»Bundestrojaner«) oder elektronischer Wanzen, wenn die Zielpersonen ohnehin ständig ein Lauschgerät mit sich herumtragen oder in ihren Wohnungen installiert haben. Das ARD-Magazin »Kontraste« berichtete im Frühjahr 2019 davon, dass das deutsche Bundesinnenministerium auf Wunsch von Bundesnachrichtendienst und Verfassungsschutz ein Gesetz vorbereitet, das Unternehmen mit Sprachassistenten zur Mitarbeit verpflichtet.

Damit wollen die deutschen Geheimdienstler den bisherigen Umweg verkürzen: Denn derzeit bekommen sie diesen Zugriff nur, wenn ihnen befreundete US-Behörden unter die Arme greifen, da in den USA diese Zusammenarbeit von Amazon und Co. aus Gründen der nationalen Sicherheit vorgeschrieben ist. Als die Bundestagsabgeordnete der Linken,

Martina Renner, in Form einer parlamentarischen Anfrage vom Bundesinnenministerium wissen wollte, ob denn auch ohne Gesetz in Deutschland bereits abgehört würde, verweigerte das Ministerium die Antwort: Diese Information sei geheim, und die Veröffentlichung würde das »Staatswohl der Bundesrepublik« gefährden – da es keinen Ersatz durch andere Instrumente gäbe, wenn herauskommt, was offenbar nicht herauskommen darf. Eines ist sicher: Die Stasi hätte viel Freude an Alexa gehabt.

Laut und deutlich!

Sprachassistenten werden ein Bestandteil unserer digitalen Zukunft sein. Noch sehen wir sie als Spielzeug, das für Heiterkeit sorgt, wenn es ungefragt loslegt. Jedoch gibt es Situationen, in denen reden einfacher ist, als sich einer Tastatur zu bedienen – beim Autofahren oder wenn man im Haushalt oder beim Arbeiten keine Hand frei hat.

Damit Sprachassistenten von Amazon, Google, Apple und einer Schar weiterer Hersteller auf unsere Anrede reagieren können, müssen ihre Mikrofone immer zuhören. Darin liegt der größte Einbruch in unsere Privatsphäre. Anbieter versichern uns, dass der Sprachassistent erst auf bestimmte Stichwörter zuhört und aufnimmt. Aber wenige Tage mit Amazon Echo oder Google Home zeigen, wie oft die Geräte ohne Zuruf anspringen. Dazu kommt die Gefahr von Hackern, die Assistenten zu Wanzen umfunktionieren: Hier wartet noch einige Entwicklungsarbeit auf Hersteller.

Darum kann die Empfehlung derzeit nur heißen, Sprachassistenten zu beschränken. Am Handy können sie abgeschaltet und nur für konkrete Situationen aktiviert werden, etwa im Auto. Will man sichergehen, dass Privates privat bleibt, kann man das Mikrofon am Sprachassistenten abschalten. In vertraulichen Settings wie Arztpraxen, Anwaltskanzleien oder Büros sollte man auf Smart Speaker eher verzichten. In den Konto-Einstellungen von Amazon und Google können Sprachaufzeichnungen gelöscht werden – eine mühsame Suche, die zeigt, wie wenig Einblicke die Konzerne uns geben wollen.

Prince Charles wäre heute lieber Camillas Smartphone

Sechstes Kapitel, in dem wir den kleinen Big Brother in uns allen entdecken: Wie wir unsere Lebenspartner, Freunde und Kollegen stalken können, wie Helikopter-Eltern ihre Kinder an der langen virtuellen Leine halten und wie Arbeitgeber darüber Bescheid wissen, wo, wie und mit wem wir unsere Arbeitszeit verbringen. Und wie aus unscheinbaren »Türglocken« ein riesiges privates Überwachungsnetzwerk wird.

Herr X.

Wissen Sie, wo Ihre Lebenspartnerin oder Ihr Lebenspartner vergangenen Dienstagabend war, als es im Büro angeblich etwas länger wurde? Nehmen wir für unser Beispiel Herrn X., den wir glauben »wirklich gut« zu kennen: Beruf, Familienstand, wo X. wohnt und arbeitet, Freizeitaktivitäten. Was X. über die aktuellen Ereignisse denkt, bei welcher Partei er bei der nächsten Wahl sein Kreuzerl macht.

Hier ist, was wir von X. dank seiner Daten wissen: Wohnort, Zweitwohnsitz, Arbeitsplatz selbstverständlich. In der Regel weckt ihn das Handy während der Woche um 7 Uhr früh, es gibt termingebundene Ausnahmen, etwa einmal im Monat früher, um den Flug um 7 Uhr 10 nach Frankfurt zu nehmen, Rückkehr noch am Abend. Aufstehzeiten am Wochenende meist ohne Wecker. Der Weg in die Arbeit dauert zwischen 21 und 37 Minuten, wird etwa zwei- bis dreimal in der Woche mit dem Auto absolviert (eine Garage nahe dem Wohnort, Garage am Arbeitsplatz), mit öffentlichen Verkehrsmitteln vor allem in Kombination mit anderen Terminen auf dem Weg zur Arbeit, gelegentlich Uber. Wochenende am drei Fahrstunden entfernten Zweitwohnsitz, im Frühjahr, Sommer, Herbst etwas häufiger als im Winter, dazwischen längere Phasen am Zweitwohnsitz. Stammlokale am Zweitwohnsitz, Besuche bei Bekannten und Freunden laut Location History.

Interessant ein paar wiederkehrende Termine, die aus den üblichen beruflichen während der Wochentage herausragen und nur vage bezeichnet sind: »M« meist jeden zweiten Dienstag um 19 Uhr, gelegentlich später, Dauer zwei Stunden. Einmal im Monat »F«, Termine leicht variierend, meist jedoch Tagesrand. »P« regelmäßig bis auf Ferienzeiten einmal wöchentlich, Freitag nach Büroschluss. Die Terminserie »P« hat kurz nach einem Urlaub begonnen, ging für etwa eineinhalb Jahre, verschwand dann plötzlich aus dem Kalender. Bei den Terminen keine Adresse, ist aber dank des Standort-Verlaufs auf die Umgebung weniger Häuser eingrenzbar. Unmöglich, nur aufgrund der Buchstaben die zugehörigen Kontakte zu bestimmen, die Zahl der Treffer ist zu groß. Man könnte nachschauen, was an diesen Orten vorzufinden ist.

Herr X. verwendet privat ein Gmail-Konto, wir kennen daher seine Einkäufe bei Amazon und Reisebuchungen bei

Booking.com, da Bestätigungsmails bei Gmail eingehen. Natürlich sind alle Reisen penibel protokolliert, sowohl in einem verborgenen Handy-Verzeichnis als auch online beim Kartendienst. Telegram- und WhatsApp-Chats, nie gelöscht, mit Verläufen, die mindestens zwei Jahre zurückgehen. Jede Menge Fotos und einige lustige Videos, dankenswerter Weise durch Face Recognition geordnet und die meisten Personen identifiziert. Wer ist diese fremde Frau auf der Bilderserie, die nach einer schummrigen Party aussieht?

X. kauft seine Bücher Großteils bei Amazon, teils als Kindle-Ausgaben, über seine Bestellgeschichte wissen wir daher Bescheid, was ihn interessiert. Wir kennen natürlich seinen Online-Medienkonsum samt Streamingdiensten. Neuerdings verwendet X. Alexa, offensichtlich ein Weihnachtsgeschenk, mit dem noch experimentiert wird. Dank Alexa lernen wir die Wohnungsausstattung (steuerbare Lampen in verschiedenen Zimmern), Besucher und den Radio- und Musikkonsum etwas besser kennen. Die Zeit und Gewöhnung an die charmante Sprachassistentin arbeiten für uns und werden mehr Details verraten.

Natürlich müssen wir über Social Media reden. Ein förmlicher Twitterschwall, der meist in der Stunde vor Mittag losbricht und dann nochmals etwas kürzer am Abend. Wochenende endlose Bilder auf Facebook, Standortangaben und Benennung von »Freunden« inklusive. Eher banal in den Mitteilungen, immer happy und viele Segelfotos. Attersee, Adria, Balaton. Gelegentlich zwei Kinder, etwa 8 und 10, nach den Geburtstagsfotos zu schließen. Gottseidank keine Katzenfotos. Ein Dutzend Menschen, die regelmäßig in Kommentaren auftauchen.

Haben wir schon das Thema Fitness angesprochen? Leider keine gute Entwicklung. Bis vor zwei Jahren ging X. regelmäßig laufen und postete voller Stolz seine Runtastic-Daten. Das nahm ab, dank Smartwatch und Health-App verzeichnen wir dazu mehr Stress, an der Grenze zu bedenklichem Bluthochdruck, und Gewichtszunahme. Interessanterweise stets erhöhter Blutdruck bei den Freitag-Terminen mit »P«. Dafür ist die tägliche Bildschirmzeit kräftig angestiegen: Vor einem Jahr lag sie noch unter zwei Stunden, inzwischen nähert sie sich der 4-Stunden-Marke. Für »Produktivität« gehen dabei gerade einmal 50 Minuten auf, die meiste Zeit geht auf das Konto von »Sozialen Netzwerken«, mehr als eine Stunde täglich.

Ich will dein Smartphone sein

Und so weiter und so fort. All diese Daten von Herrn X. – eine aus einer Reihe lebender Personen abgeleitete fiktionale Person – werden von seinem Smartphone penibel aufgezeichnet, mit Apps geteilt und an Onlinedienste weitergegeben. Teils mit unserer Zustimmung, teils, weil wir seitenlange AGBs (Allgemeine Geschäftsbedingungen), ohne sie zu lesen, per OK-Klick akzeptiert haben. Es entbehrt nicht der

Ironie, dass Schutzbestimmungen wie die Cookie-Richtlinie und die Datenschutzgrundverordnung (DSGVO) der EU dazu geführt haben, dass der OK-Klick bestens eingeübt ist: Oft stimmen wir täglich mehrfach nervenden Pop-Ups zu, damit sie von unserem Bildschirm wieder verschwinden.

Wir sind aktive Mittäter in der Weitergabe unserer Daten, indem wir wie alte Männer unsere Bilder und unsere Worte gar nicht mehr halten können: Ein beständiger Schwall an Mitteilungen, die wir meist völlig naiv posten. Instagram, Facebook, Twitter, Snapchat oder TikTok geben sehr viel über uns preis, ohne dass es eines besonderen Hacks bedarf. Zeitstempel, Ortsangabe, die Inhalte der Bilder und ihre Metadaten, mit exakter GPS-Position, Zeitpunkt der Aufnahme und technische Details. Online grassierende Gesichtserkennung identifiziert immer genauer die Akteure auf den Bildern, selbst wenn wir sie nicht kennen. Likes und Kommentare geben einen exzellenten Einblick in unser soziales Netzwerk.

Meist ist dies harmlos und bleibt ohne Folgen. Möglich, eher unwahrscheinlich, dass Einbrecher daraus Hinweise auf leerstehende Wohnhäuser beziehen (eher verlassen sie sich auf ihre Live-Observierung). Denkbar, dass jemand bemerkt, dass wir den Krankenstand zu einem verlängerten Wochenende nutzten. Nicht auszuschließen, dass das eine oder andere Foto Erklärungsbedarf bei einem Jobinterview mit sich bringt. Aber unsere selbstverursachten Datenleaks können auch schwerwiegende Folgen haben, wie die Geschichte der Aufzeichnungen des Fitness-Trackers Strava zeigen.

Strava ist eine Art Cousin des hierzulande besser bekannten Runtastic: Die Benutzer der App zeichnen mit Hilfe ihrer Smartwatches oder Fitness-Bänder ihre sportlichen Aktivitäten auf und teilen diese mit anderen. Aus Stolz über die absolvierte Laufleistung, um Freunde zum Mitmachen zu motivieren, oder einfach, weil es Mode ist. Aus der Masse dieser Daten entstehen interessante Einblicke: Wo sind die beliebtesten Laufstrecken, zu welcher Tages- und Nachtzeit wird am häufigsten gelaufen.

Ende 2017 veröffentlichte Strava auf Basis von mehr als drei Billionen individueller GPS-Punkte eine Karte aller Laufstrecken seiner Benutzer: Die meisten davon in Städten und dicht besiedelten Regionen, wenige in entlegenen Landstrichen. Auch militärische Analysten studierten diese »Heat Map« und waren alarmiert: Aus militärischer Sicht war die Karte alles andere als harmlos. Denn sie verriet die Laufstrecken der Strava-Benutzer, die dem US-Militär angehörten. Aus ihren Routen ließen sich die Standorte geheimer US-Basen in Konfliktzonen bestimmen. US-Positionen in Afghanistan waren ebenso wie in Syrien klar zu erkennen; bereits bekannte russische Basen konnten die Analysten herauslesen, hingegen fanden sie keine iranischen Stützpunkte, für die wohl die US-App aus anderen Gründen Teufelswerk ist.

Eine kleine Episode der fortlaufenden Reality Show »Die Royals« ist noch vielen in Erinnerung, die als »Tampongate« ein verbales Meme aus der Zeit vor dem Internet auf dem Smartphone wurde. 1992 wurde ein Telefonat zwischen

Prince Charles und seiner damaligen nicht so geheimen Geliebten Camilla abgehört (bis heute weiß man nicht, ob es ein Geheimdienst oder ein Boulevardjournalist war). Darin beteuerte Charles seiner Camilla, »am besten wäre, ich wohne einfach in deinen Hosen, das wäre so viel einfacher. Oder, God forbid, ich wäre ein Tampax!« Nahe dran: Heute würde Charles wohl am liebsten Camillas Smartphone sein, das wäre so viel einfacher – und er wäre öfter und näher bei ihr, als wenn er sich in ein Tampax verwandelt hätte.

Die Plaudertasche

Denn unsere Smartphones, mit denen wir so gut wie alle unsere intimen Details teilen, als ob sie verschwiegene Vertraute wären, sind alles andere als das. In Wahrheit sind sie Plaudertaschen, die mehr über uns verraten, als uns lieb ist. Apps aller Art tun dies mit mehr oder weniger guten Gründen: Wie wir schon erfahren haben, speichert Google alle unsere Standort-Daten, wenn wir nicht Maßnahmen dagegen ergreifen, was nur wenige tun. Die Standort-Geschichte macht unser Leben bequemer: Ohne gesondert danach fragen zu müssen, sagt uns das Handy am Ende unserer Arbeitszeit, wie es mit der Verkehrslage auf dem Weg nach Hause aussieht, oder zu unserem Termin mit »P«.

Die weniger guten Gründe sind Apps, die diese Daten ohne unser Wissen absaugen und für uns unbekannte Zwecke verwenden. So meldete die Menstruations-App Flo jedes Login ihrer Benutzerinnen unsichtbar an Facebook, was dort wiederum für zielgruppengerechtes Ausspielen von Werbung genutzt werden konnte. Nach einem Zeitungsbericht stellte Flo diese Praxis ein, Facebook beteuerte, nichts damit zu tun zu haben – außer, dass zielgruppengerechte Werbung das Geschäftsmodell von Facebook ist und daher im Prinzip alle persönliche Information über seine Benutzerinnen und Benutzer dem Social-Media-Giganten nur recht sein kann.

Dahinter steht ein Konstruktionsprinzip der Smartphone-Apps, das sich mit Lego-Steinen vergleichen lässt. Jede App bietet anderen Apps Schnittstellen (so genannte SDK, Software Developer Kit), über die Daten ausgetauscht werden. Werbung ist der Antrieb für diesen extensiven Datenaustausch: Fast jeder im App-Kosmos will an diesem riesigen Kuchen mitnaschen. Kaum eine App finanziert sich über den Verkauf und verzichtet auf die Teilnahme an der lukrativen Werbelotterie. Je mehr über einen Benutzer bekannt ist, desto genauer kann er oder sie von Werbung adressiert werden, desto mehr verdient die betreffende App. Darum bauen Apps von Schönheitstipps bis hin zu Partnervermittlungsdiensten zahlreiche Schnittstellen ein, um mit Werbe-Anbietern zu kommunizieren. Sobald diese Daten weitergegeben sind (über die Zustimmung zu den AGBs), kann der Empfänger dieser Daten wiederum damit machen, was seinem Geschäft entspricht.

Dies können Daten sein wie die Internet-Adresse, das benutzte Gerät, Zeitpunkt, Dauer und Standort der Benutzung, und vor allem eine Werbe-ID. Zwar sind Daten vermeintlich anonymisiert, aber über die Werbe-ID kann Facebook die Identität des Benutzers zuordnen und passende Werbung in den Feed dieses Benutzers einblenden. Bei einer Sicherheitskonferenz 2018 zeigte ein Forscher der Kaspersky Labs (ein führender Hersteller von Sicherheitssoftware, pikanterweise in Russland gegründet), dass vier Millionen Android-Apps (!) solche SDK-Schnittstellen verwenden, über die unverschlüsselte Benutzerdaten an Werbeplattformen weitergegeben werden. Dazu zählten Namen, Geburtsdaten, User-Namen, GPS-Standorte, Telefonnummern, E-Mail-Adressen, Einkommensdaten – bei einigen Gesundheits-Apps selbst Angaben, wann die Benutzerin zum letzten Mal Sex hatte.

Es gibt Wege, sich gegen diese unerwünschten Daten-Tracker zu schützen. Etwa die iPhone-App Disconnect Privacy Pro (es gibt eine ganze Kategorie ähnlicher Anbieter): sie blockiert die Weitergabe von Daten, wenn Apps dazu nicht ausdrücklich autorisiert sind. Erhellend bereits, eine Weile dem Protokoll der laufenden Liste an Trackern zuzusehen, die versuchen, Daten aus dem Handy abzusaugen. Die »Guardian Firewall« App ist gleichfalls ein effektiver Schutz vor unerwünschtem Tracking, bedingt allerdings von Anfang an ein Abonnement des Dienstes. Diese Apps garantieren ihrerseits, keine Daten zu speichern und nicht mit Werbung zu arbeiten.

Facebook ist durch seine Weitergabe persönlicher Daten an Cambridge Analytica zur politischen Manipulation in große öffentliche Bedrängnis gekommen. Das Netzwerk bemüht sich darum inzwischen um Schadensbegrenzung durch etwas Transparenz. Dabei verschleiert es jedoch, in wie vielen unterschiedlichen Gestalten es auftritt: Die Datensammlung verteilt sich über ein komplexes Netzwerk an Diensten wie Facebook, Messenger, WhatsApp und Instagram. Vielen Benutzern ist nicht bewusst, dass diese Apps in ein und derselben Hand sind. Mit der Facebook-Kennung kann man sich bei anderen Onlinediensten anmelden – und gibt dabei automatisch Information darüber preis, welche Services wir benutzen. Like-Buttons auf Webseiten und vielen anderen Kanälen füttern Facebook mit immer mehr und immer persönlicheren Daten für gezielte Werbung.

Ein relativ neues Tool verspricht seit Mitte 2019 Facebook-Benutzern Einblick und Kontrolle dieser weit gestreuten Aktivitäten. »Off-Facebook Activity« zeigt die hunderten Seiten und Apps, die mit Facebook Datenaustausch für Werbezwecke betreiben. Mehr als 80 Apps hat der durchschnittliche Facebook-User auf dem Smartphone, hat das Netzwerk erhoben, etwa die Hälfte werden jedes Monat tatsächlich genutzt. In den Einstellungen des persönlichen Facebook-Kontos kann dies unter »Apps und Websites« kontrolliert werden – es lohnt sich im Übrigen, alle anderen Kontrollmöglichkeiten in diesem Bereich zu studieren.

Die private Schnüffelei

Datenüberwachung zum Zwecke der Werbung ist eine Sache. Private Geheimnisse herauszufinden, war jedoch schon immer eine Leidenschaft vieler Menschen, nicht nur königlicher Liebhaber und ihrer Dienerschaft, der Geheimdienste und Boulevard-Journalisten, sondern auch verliebter und eifersüchtiger Partner, besorgter Eltern und neugieriger Mitmenschen jeder Art. Für all diese sind Smartphones heute ein Schatzkistchen, wenn sie Gelegenheit finden, darin zu schnüffeln.

Dagegen ist der wichtigste Schutz ein vernünftiger Sperrcode, der nicht nur aus dem bewährten »1234«, »0000«, dem eigenen Geburtsdatum oder dem der Kinder besteht. Smartphones der jüngeren Generationen haben inzwischen Fingerabdrucksensor oder Gesichtserkennung eingeführt, was meist 6-stellige Zifferncodes erforderlich macht. Die Mühe, diesen Code gelegentlich zu wechseln und im Familien- und Freundeskreis nicht einfach preiszugeben, ist eine Mindestvorsicht.

Schon im Kapitel über Location, unsere Standortdaten, haben wir erfahren, wie einfach es ist, den Standort der Besitzerin oder des Besitzers zu verfolgen, wenn das Handy nur ein paar Minuten unbeaufsichtigt anderen Menschen zugänglich ist. Im Menü von Google Maps kann der Standort für andere freigegeben werden, auf Apples iPhone ermöglicht dies die App »Wo ist?«. Erscheint die Standortfreigabe noch ein relativ simpler Weg zur Kontrolle von Kindern und Partnern, so ist die Installation sogenannter »Stalkerware« bereits echte Hardcore-Kontrolle. Dabei werden auf dem Handy einer anderen Person Apps installiert, die Auskunft über die Aktivitäten der betreffenden Person geben.

Meist verschleiert Stalkerware mit einem vorgeblich legitimen Zweck, dass sie ein geheimes Überwachungsinstrument ist: Zum Beispiel als Möglichkeit, Kinder oder Haustiere zum Schutz lokalisieren zu können. Um ein verlegtes, verlorenes oder gestohlenes Handy finden zu können. Oder mit Fernunterstützung (Remote Control) bei der Einrichtung eines Handys zu helfen oder ein Problem zu lösen. Manche Apps scheuen sich hingegen nicht, ihren eigentlichen Zweck zu bewerben: »Die Swipebuster App findet heraus, ob dich dein Partner auf Tinder betrügt«, um nur ein Beispiel zu nennen. Es gibt Apps, die beim Seitensprung helfen, und es gibt Apps, die herausfinden, ob dich dein Partner betrügt: »Die besten Apps für eine Affäre«, ebenso wie »Die besten 10 Spy-Apps gegen betrügerische Partner«.

Das Geschäft mit Stalkerware blüht. Der Antiviren-Anbieter Kaspersky Lab zählte 2019 rund 380 verschiedene Varianten dieser privaten Spionage-Apps für Smartphones, ein Drittel mehr als im Jahr davor. Dazu gehören Apps wie Fone-Monitor, mSpy oder Mobile Spy Agent, mit denen die Kommunikation am verwanzten Handy über eine Monitor-Seite laufend kontrolliert werden kann: Telefonverbindungen, ein- und ausgehende Nachrichten, welche Apps am Handy benutzt werden, GPS-Standorte, Browserverlauf... was das eifersüchtige Herz (und der Scheidungsanwalt) an Auskunft begehrt. Fortgeschrittene Versionen können Screenshots anfertigen oder Telefonate aufzeichnen. Rührend mutet da schon die App »Couple Tracker« an, eine Art digitale Abschreckungswaffe für eifersüchtige Paare: Auf beiden Geräten des Paares installiert, werden so laufend die Anrufe und Nachrichten des jeweils anderen angezeigt, damit sie sich von ihrer Treue überzeugen können.

Natürlich muss der Einsatz nicht auf gestörte Beziehungen beschränkt bleiben und kann legitime Zwecke verfolgen. Arbeitgeber, die um Vertraulichkeit ihrer Arbeit, Daten und ihr Urheberrecht besorgt sind, setzen Spyware zur Kontrolle ein, damit Mitarbeiterhandys nicht zu unerwünschten Spionagetools werden. Denkt man an die jüngsten Malversationen im österreichischen BVT (Bundesamt für Verfassungsschutz und Terrorismusbekämpfung), hätten sich wohl manche solche Spionage-Apps gewünscht.

Der korrekte Weg zur Kontrolle besteht hingegen in sogenannten »Managed Devices«: Smartphones, die vom Arbeitgeber ausgegeben und von der Security-Abteilung der IT verwaltet werden. Der Vorgang ist transparent, wird den Mitarbeitern erklärt und sollte mit dem Betriebsrat abgestimmt sein. Auf solchen Geräten wird der Datenverkehr geschützt, und es können nur Apps installiert werden, die von der Firma freigegeben sind. Funktionen, wie der Gebrauch der Kameras, können damit unterbunden werden. Das ist zwar unbequem, aber eine offene Vorgangsweise. Letztlich bleiben jedoch immer Sicherheitslücken: etwa durch das Abfotografieren eines Bildschirms mit einem privaten Handy.

Wo bist du gerade?

Interessanterweise gibt es mittlerweile auch das umgekehrte Phänomen: Kleine Gruppen von Freundinnen und Freunden, die einander freiwillig ständig ihren Aufenthaltsort mitteilen und sehen können, wo sich die Mitglieder dieser Freundesgruppe gerade befinden. »Location sharing« sei die beste Art, ein Leben wie im Kino zu führen, schwärmt die Journalistin Kaitlyn Tiffany (mit einem filmreifen Namen) im angesehenen Intellektuellenmagazin »The Atlantic«.

Vor einem Jahr habe Tiffany ihre Freundinnen davon überzeugt, dass sie mit der iPhone App »Wo ist?« ihren Standort immer miteinander teilen. Nicht aus Sorge um ihre Sicherheit, nein: »Was ich mir wünschte, war das Gefühl einer gemeinsamen Handlung, dass ich aufwachen würde und ihnen zuschaue, wo sie gerade sind.« Ein Leben wie das des unzertrennlichen Freundinnen-Quartetts in »Sex and the City«: »Es schaffte eine grenzenlose Freundschaft wie im Film: Wir konnten uns immer leicht treffen und unsere persönlichen Geschichten waren miteinander zu einem einzigen Drama verwoben.« Da ist er wieder, der Wunsch, miteinander verbunden zu sein, intime Geheimnisse zu teilen, literarischer ausgedrückt als durch den liebestollen Prinzen und seiner beständigen Sehnsucht nach Camilla. Wahrscheinlich erklärt dies, warum wir immer noch so viel von uns preisgeben mittels unserer Handys, weil der tief verwurzelte Wunsch dazu zu gehören mächtiger ist als die Sorge vor dem Missbrauch.

Der soziologischen Anekdote nach sollen Ortsangaben die erste Verwendung gewesen sein, denen SMS ihren Durchbruch im Alltag verdanken. Mitte der 1990er-Jahre, als dank der GSM-Technologie Handys in kürzester Zeit praktisch für alle verfügbar wurden, war SMS eine Art Kuriosität: Wer sollte sich im Telegrammstil verständigen wollen, wenn man doch miteinander reden konnte? Da die SMS-Kanäle keine zusätzlichen Kosten verursachten, wurden sie in die Funktechnologie integriert, ohne dass Marketing-Menschen anfangs wussten, was man damit anfangen könnte.

Bis Jugendliche in Helsinki, mit knappem Taschengeld, eine praktische Verwendung für die 160-Zeichen-Nachrichten fanden. Freitagabend und am Wochenende zogen sie in Cliquen durch die Lokale von Finnlands Hauptstadt, nicht immer zur selben Zeit am selben Ort. Also verständigten sie sich per SMS über den jeweils anvisierten neuen Ort – was wesentlich billiger und schneller ging, als alle einzeln anzurufen. Von den jugendlichen Cliquen Helsinkis zu den Milliarden Textnachrichten heutiger Chat-Systeme dauerte es nur wenige Jahre.

Die Helikopter-Eltern

Elternsein war nie leicht und zu jeder Zeit mit jeweils eigenen Herausforderungen verbunden. Frühere Generationen von Müttern und Vätern plagten sich mit »Schundheftln«, Comics, dem aufkommenden Fernsehen und den ersten Computern. Der heutigen Eltern-Generation bereiten Social Media und Smartphones Kopfzerbrechen: Cybermobbing und Cyberbullying, zu viel »Screen Time«, Stalking durch Erwachsene und vieles mehr verunsichert.

Dazu kommen die Herausforderungen einer wesentlich höheren Mobilität aller Familienmitglieder als in früheren Generationen: Zwei berufstätige Elternteile, oder geteilte Verantwortung, wenn die Eltern nicht zusammenleben, Kinder mit einem umfangreichen Schul- und Freizeitprogramm, Familienaktivitäten. All das macht das Smartphone zu einem überaus hilfreichen Kommunikationsmittel, um leicht in Kontakt bleiben und den Alltag organisieren zu können.

Darum werden Kinder in immer jüngerem Alter für »smartphone-reif« befunden. Umfragen unter Eltern orten dieses Alter derzeit meist um 10 Jahre herum, empfehlen für jüngere Kinder eher »Notfallshandys« – einfache Featurephones mit eingeschränkten Funktionen – oder eine Kidswatch, die mit einer Handvoll festgelegter Telefonnummern telefonieren kann. Vor allem die Überwachung des Standorts macht jedoch den frühen Einsatz eines Smartphones in der Schultasche des

Kindes verlockend: So können Eltern beobachten, ob der Nachwuchs auf dem rechten, sicheren Weg bleibt.

All dies macht die Verwendung diverser Tracking-Apps sinnvoll und legitim. Mobilfunkbetreiber bieten dazu Kinderschutz-Apps an, die das Smartphone des Kindes quasi an die virtuelle Leine des elterlichen Smartphones legen. Damit können die Eltern bestimmen, wieviel und wofür das Gerät der Jungen benutzt werden darf, können den Zugang zum Internet beschränken, wissen Bescheid, wo sich ihr Kind befindet. Da dies eine Kooperation zwischen Eltern und Kindern erforderlich macht, bringt es die Notwendigkeit, darüber zu reden – elterliche Aufsicht anstelle von Überwachung.

Problematischer sind hingegen Apps, die vorgeblich Kinder vor Cyberbullying schützen sollen (und den Eltern auch sagen, wenn das eigene Kind ein Bully ist). »Keepers«, die App eines israelischen Startups, preist sich als »die neue Generation elterlicher Aufsicht«. Das Problem, das gelöst werden soll: Kinder würden heute in großer Zahl an Cyberbullying leiden, deswegen die Schule schwänzen, sich mit drastischen Methoden zur Wehr setzen, oder gar Suizid begehen. Welche besorgten Eltern würden zur Verhinderung solcher Gefahren nicht bereit sein, zu drastischen Methoden greifen?

»Keepers« hat dafür eine Lösung: Es überwacht alle Nachrichten, die Kinder auf ihrem Handy bekommen oder schreiben, auch alle verschlüsselten Kanäle. Texte auf Snapchat, Facebook, WhatsApp, Instagram und anderen, selbst Sprachnachrichten werden von der App erfasst und mittels eines

Algorithmus und künstlicher Intelligenz analysiert. Den Eltern werden nur Nachrichten mitgeteilt, die zur Sorge Anlass geben: Als Beispiel zeigt »Keepers« einen Konversationsverlauf, bei dem einer mit Hausarrest belegten Teenagerin vom Freund geraten wird »Schnapp dir den Autoschlüssel und hau ab!« Dann schlägt »Keepers« Alarm.

Wie sich die weitere Beziehung zwischen Eltern und Tochter entwickelt, kann man nur vermuten – wahrscheinlich nicht zum Besten. Denn ein Problem dieser Aufsicht bleibt: Sie ist Schnüffelei, und wird von den Überwachten nicht freundlich aufgenommen werden. Insbesondere, wenn sich dabei Nachrichten finden, in denen das Kind oder der Jugendliche selbst Täter und nicht Opfer ist.

Auch sonst bietet »Keepers« eine Palette an Überwachungstools, darunter natürlich Standort-Kontrolle, die Zeit, die der Nachwuchs am Handy und in diversen Sozialen Netzen verbringt, und selbst die restliche Batterielaufzeit des Handys, damit die Überwacher allenfalls einschreiten können, bevor sie ihre »Zielperson« verlieren. Interessant ist die Technik, mit der die meist verschlüsselten Nachrichten ausgelesen werden können: Dabei wird der Bildschirminhalt analysiert, eine aus Geheimdienstentwicklungen stammende Technologie, die sich auch jenseits von Apps zur elterlichen Aufsicht verwenden lässt. Praktischerweise kann die App von den Betreffenden selbst nicht ohne Zustimmung der Aufsichtsperson deinstalliert werden.

Wer läutet da?

Die Nützlichkeit unserer Smartphones wird durch ein wachsendes Ökosystem von »Zubehör« laufend erweitert. Ein solches praktisches Accessoire ist eine Türglocke namens »Ring Video Doorbell« aus dem Angebot von Amazon. Wer möchte nicht wissen, wer vor der Tür steht, wenn es läutet? »Ring« sieht aus wie die übliche Türglocke, hat jedoch Kamera, Mikrofon und Lautsprecher integriert, lässt sich ohne Verkabelung überall leicht anbringen, würde selbst in einer Villa auf Ibiza nicht auffallen, und verbindet sich über das WLAN in der Wohnung mit dem Smartphone der Bewohner – über das Cloudservice von Amazon.

Soweit, so praktisch. Wenn Sie nicht zu Hause sind und der Botendienst läutet, können Sie eine passende Instruktion geben: Das Paket bei der Tür ablegen, dem Nachbarn geben, was immer. »Ring« ist ein unauffälliger, nützlicher Spion an der Haustür, der doppelten Dienst als Alarmanlage tut. Ein Bewegungssensor aktiviert die Kamera und schickt eine Nachricht an das Handy, wenn Gestalten vor der Tür auftauchen. Die Benutzer können jederzeit den Gang vor ihrer Wohnungstür oder den Garten per Live-Video beobachten. Gegen eine monatliche Abonnement-Gebühr werden die Aufnahmen der »Ring Video Doorbell« von Amazon in seinem Cloudservice »Ring Protect« gespeichert und stehen 30 Tage lang zur Verfügung. Wer will, kann diese kleinen Videos teilen – es kann ja auch lustige Momente geben im Leben einer Türglocke.

In den USA erfreut sich »Ring« (ein Startup, das Amazon 2018 aufkaufte) bereits großer Beliebtheit. Quasi über Nacht sind auf diese Art in ganzen Nachbarschaften umfassende private Netzwerke von Überwachungskameras entstanden. Kein Zufallsprodukt, sondern von Amazon mit Hilfe eines App-Angebots namens »Neighbors« in eine Art Nachbarschaftswache verwandelt. Dabei können »Ring«-Benutzer in einem Grätzl (für Berliner Leser: einem Kiez) ihre Videos auf »Neighbors« hochladen, kommentieren, und bei entsprechenden Anlässen der Polizei zur Verfügung stellen.

Die Polizei ist in den USA auf den Geschmack gekommen: Landesweit gibt es Aktionen, bei denen die Exekutive durch Rabatte ermutigt, »Ring«-Türglocken zu installieren und die Daten mit der Polizei zu teilen. Dies passt gut zu einem weiteren Amazon-Service, dem Gesichtserkennungsprogramm Amazon Rekognition, das an Exekutive und Sicherheitsdienste vermarktet wird. Ende 2019 berichtete das Onlinemagazin »The Intercept« über Pläne von Amazon, dass es die Fähigkeit zur Gesichtserkennung in »Neighbors« einbauen will. Damit könnten Benutzer von »Ring« »verdächtige Personen« auf Videos markieren; die Gesichtserkennung würde in der Folge dafür sorgen, dass ein Alarm ausgelöst wird, wenn eine so markierte Person im Bereich einer »Ring«-Videokamera erfasst wird.

Eine Nachbarschaft kann so relativ einfach und schnell in einen vollständig überwachten Stadtteil verwandelt werden, und das nicht nur ohne Widerspruch, sondern mit tatkräftiger und finanzieller Mitwirkung seitens der betreffenden Bürger. Wer hat sich in Anbetracht (angeblich) steigender Einbruchszahlen und anderer Kriminalität in seinem Wohnviertel nicht schon effektive Maßnahmen zum Schutz gewünscht? In Österreich und Deutschland bewegt sich »Ring« in einer Grauzone, ob es eine Genehmigung als Überwachungskamera bedürfte. Aber in der Form einer harmlosen Gegensprechanlage segelt »Ring« unter dem Radar der Wahrnehmung, wird ohne Einschränkungen von Amazon verkauft. Nur »Neighbors« wird derzeit nicht in den deutschsprachigen App Stores angeboten. Könnte die Polizei auf solche Videodaten zurückgreifen? Mit Zustimmung des Benutzers der Türglocke ja, erklärte mir ein Polizeisprecher auf Anfrage; und wohl auch, wenn es einen richterlichen Durchsuchungsbefehl gibt.

Schutz vor Schnüffelei

In der Hand von Freunden, Partnern oder Kollegen verraten unsere Smartphones viele intime Details. Unachtsam für ein paar Minuten am Tisch im Büro oder im Café beim Gang auf die Toilette liegen gelassen, ist es mit der Vertraulichkeit mancher Chatinhalte schnell vorbei. Vermutlich sind irgendwo auf ihrem Handy auch Zugangsdaten zu vielen Diensten notiert. Der mindeste Schutz vor privater Schnüffelei ist darum die Verwendung eines Sperrcodes. Grundregel: Keine Geburtstage, 0000 oder 1234... gelegentlich ändern macht Sinn. Selbst wenn Handys Gesichtserkennung oder Fingerabdrücke verwenden: Die Sperre ist nur so sicher wie der dahinterliegende Code. Wählen Sie ein kurzes Intervall, wie rasch das Handy bei Inaktivität wieder gesperrt wird.

Eine einfache Möglichkeit, Ihren Standort ständig auszuspionieren, ist Teilen am Handy oder in Google Maps zu aktivieren. Gelegentliche Kontrolle dieser Einstellungen ist darum sinnvoll. Allenfalls machen verringerte Akkulaufzeiten und die ständige Erwärmung des Handys durch sein aktives GPS darauf aufmerksam. Das kann auch ein Hinweis darauf sein, dass Ihr Smartphone tatsächlich Ziel eines Angriffs mit Spyware geworden ist. In diesem Fall hilft nur eines: Das Gerät auf Werkeinstellungen zurücksetzen und damit alle Apps, auch schädliche, zu entfernen. Aber Vorsicht vor voreiligen Schlüssen: In der Regel liegt es einfach am Alter des Handyakkus, wenn sich die Laufzeit verringert. In diesem Fall sorgt der nächste Handyshop um wenig Geld für Abhilfe.

Ibiza ist überall

Siebentes Kapitel, in dem wir die Chatspuren von einer Mittelmeerinsel mitten in den Sumpf politischer Korruption verfolgen. Und dabei erfahren, dass die Cyberausspähung für die Exekutive eine teure Angelegenheit ist, bei der jedoch eine ganze Industrie sogenannter Sicherheitsfirmen gerne behilflich ist.

Der Urlaub mit Folgen

Ach, Ibiza. Was kann das kleine Mittelmeerparadies dafür, dass es solche Anziehungskraft auf Menschen unterschiedlichster Herkunft und Absichten ausübt? Wie auf jene denkwürdige Gesellschaft, die an einem lauschigen Abend im Juli 2017 in einer luxuriösen Finca einen anregenden Abend verbrachte. Bei ausgiebigem Konsum alkoholischer Getränke wurde in langen Gesprächen über die dynamische Gestaltbarkeit der österreichischen Innenpolitik zugunsten ausländischer Investoren philosophiert.

Zwei aufstrebende Oppositionspolitiker der FPÖ, der spätere freiheitliche Vizekanzler Österreichs, Heinz-Christian »HC« Strache, und sein Klubobmann im Nationalrat, Johann Gudenus, erörterten mit der vorgeblichen Nichte eines russischen Oligarchen, welche Möglichkeiten nicht deklarierte Spenden eröffnen würden – wenn erst einmal die Freiheitlichen dank der russischen Übernahme der »Kronen Zeitung«, zack-zack-zack, zu ansehnlicher Größe und Regierungsämtern aufgestiegen wären.

Doch was in Ibiza passierte, blieb nicht in Ibiza. Knapp zwei Jahre später gelangten die wesentlichen Teile des Gesprächs – mit Straches und Gudenus' kreativen Vorschlägen – dank versteckter Videoaufzeichnung ans Licht der Öffentlichkeit. Dabei hätte Strache im Sommer 2017 seinem Instinkt folgen sollen. Er fand die Nichte zwar »schoaf« (scharf), aber ihre Zehennägel ungepflegt und nicht Oligarchinnenlike. Offensichtlich ist Nagelpflege ein generelles Insel-Thema: In dem französischen Film »Ibiza: Ein Urlaub mit Folgen« verliebt sich die frisch geschiedene Carole in den Fußpfleger Philippe.

Der Rest der Ibiza-Affäre ist österreichische Zeitgeschichte. Die rechts-rechte Koalitionsregierung zwischen ÖVP und FPÖ platzte. Bei Neuwahlen im Herbst 2019 wurde die Freiheitliche Partei abgestraft, und ÖVP und Grüne gingen als deutliche Sieger und neue Koalitionspartner hervor. Wobei ein im Gefolge von Ibiza aufgeflogener Spesenskandal von Strache und das parteiinterne Gemetzel der Rechten mehr zur Niederlage der Freiheitlichen beitrug als die Bereitschaft zur Korruption vor versteckter Kamera.

Was in Ibiza passierte, verursachte in weiterer Folge schweren Kollateralschaden in Form von Chatprotokollen aus dem Handy Straches. Dabei ging es längst nicht mehr um die Ibiza-Affäre. Diese war zwar der Anlass für eine

Hausdurchsuchung und Beschlagnahme des Smartphones des Ex-Vizekanzlers. Jedoch kamen im Zuge der Auswertung der WhatsApp-Protokolle auf dem Handy noch ganz andere Dinge ans Licht. Dabei ging es um mutmaßliche Korruption rund um die Besetzung eines lukrativen Vorstandspostens bei den teilstaatlichen Casinos Austria.

Die Achillesferse

Im letzten Jahrzehnt hat sich unsere mobile Kommunikation stark von Sprachtelefonie Richtung Textnachrichten verschoben. Darum sind SMS und die Chatverläufe von WhatsApp und anderer Messenger-Dienste häufig umfassende Protokolle unserer privaten wie beruflichen Kommunikation. Nicht nur die geleakten Chats des von der Ibiza- zur Casino-Affäre mutierten politischen Skandals, sondern auch der Blick auf unser eigenes Smartphone zeigen uns: Fast nichts wird gelöscht – es bleibt eine Gedächtnisnotiz, um unsere Erinnerungen aufzufrischen.

Es gibt viele Gründe, warum Menschen verhindern wollen, dass ihre Chats von den falschen Leuten gelesen werden – bei weitem nicht nur aus kriminellen Motiven. Vertrauliche berufliche Informationen oder »Deals«, die nicht bekannt werden sollen, aber weder ungesetzlich noch strafbar sind. Luft ablassen über unausstehliche Lehrer und Chefs. Die »kleinen« steuerlichen Sünden: Verständigungen mit Handwerkern, Haushaltshilfen oder Pflegepersonen, die nicht immer gegen Rechnung arbeiten. Und sicherlich auch kriminelle Machenschaften aller Art.

Um unsere Chats vor neugierigen Augen zu schützen, verschlüsseln die meisten Messenger-Dienste ihre Nachrichten »end to end«, vom Sender bis zum Empfänger: WhatsApp, Telegram, Signal, Apples iMessage oder die jugendliche App Line sind allesamt verschlüsselte Dienste. Die Ankündigung von Facebook, Messenger künftig automatisch zu verschlüsseln, löste erneut Forderungen der amerikanischen Justiz und Exekutive nach einer »Hintertür« zum Mitlesen aus, um Verbrecher und Terroristen bekämpfen zu können. Nicht verschlüsselt sind dagegen Nachrichten auf Instagram, Snapchat oder die »gute, alte« SMS, der immer noch weit verbreiteten Urform aller Textnachrichten.

Bei »End to end«-Verschlüsselung wird die Nachricht am Smartphone des Absenders verschlüsselt und kann daher während des Transports (z.B. über ein ungesichertes WLAN oder auf dem Server des Service) nicht mitgelesen werden. Die Entschlüsselung erfolgt nur am Endgerät des Empfängers. Damit wird die Achillesferse von Messaging-Diensten offenkundig: Zwar können verschlüsselte Nachrichten nicht von Dritten mitgelesen werden, auch von Hackern nicht. Aber wer direkten Zugang zum Smartphone des Senders oder des Empfängers hat, kann die Nachricht dort auslesen. So arbeiten legale wie illegale Hacker: Sie manipulieren das Smartphone ihrer Zielperson durch entsprechende Schad-

Software (»Spyware«), damit Nachrichten vor der Verschlüsselung mitgelesen werden oder nachdem sie vom Empfänger wieder entschlüsselt wurden.

Dazu kommt eine weitere Schwäche unserer Messaging-Apps, die sozialer, nicht technischer Natur ist. Mindestens zwei Personen teilen eine vertrauliche Information, bei Chatgruppen sind es weitere Teilnehmer. Verschlüsselt oder nicht: Wenn die Empfängerin oder der Empfänger in Versuchung gerät, oder unter Druck einer ermittelnden Staatsanwaltschaft steht, ist die Chance groß, dass Vertraulichkeit auf der Strecke bleibt.

Das Einfachste ist es darum, des Geräts mit den betreffenden Nachrichten habhaft zu werden – vorausgesetzt das Smartphone ist nicht durch einen Sperrcode geschützt. So soll das Handy von Heinz-Christian Strache seine Geheimnisse sehr einfach preisgegeben haben, wird kolportiert: Nachdem er bei der Hausdurchsuchung durch die Polizei seinen Anwalt angerufen hat, wurde ihm das Smartphone im noch offenen Zustand einfach aus der Hand genommen und beschlagnahmt. Der Rest ist für geübte Datenspezialisten ein Klax – eine Bestätigung dieser Vorgangsweise ist von der Polizei oder Staatsanwaltschaft naturgemäß nicht zu bekommen.

Gegen eine solche Vorgangsweise würde nur die Verwendung der Messaging-App Signal schützen. Als einziger Dienst (Stand Anfang 2020) ist bei Signal die separate Eingabe eines Sperrcodes erforderlich, ehe die App genutzt werden kann. Signal verhindert auch, dass Bildschirmfotos (Screenshots) von Nachrichten gemacht werden. Wogegen jedoch kein Kraut gewachsen ist, den Bildschirm mit einem weiteren Handy abzufotografieren.

Zwar können wir uns ganz gut vor einfacher, privater Schnüffelei in unseren Chats schützen: Indem wir SMS, Nachrichten oder den Chatverlauf löschen, das Handy nicht unbeaufsichtigt offen liegen lassen, keine Sperrcodes verwenden, die unser Geburtstag oder »1234« sind. Jedoch können gelöschte Nachrichten und Chatverläufe meist aus dem Archiv wiederhergestellt werden.

Die dauerhafte Löschung ist hingegen schon mehr ein digitaler Bastlerjob, für den es spezielle Software (z.b. den iMyFone WhatsApp Eraser für das iPhone, oder Safewiper für Android) und einige Grundkenntnisse von Smartphones braucht. Eine Art Notbremse, wenn es schnell gehen muss, ist es, den WhatsApp-Account als Ganzes zu löschen. Dabei werden alle Nachrichten dauerhaft entfernt. Allerdings kann unter der verwendeten Telefonnummer kein neues Whats-App-Konto mehr angelegt werden. Nur die App am Handy löschen, entfernt die Chats hingegen nicht dauerhaft: Sobald die App wieder installiert wird, können die Nachrichten wiederhergestellt werden.

Das Dilemma

Im Vergleich zu den Werkzeugen professioneller Spionage mutet die Datenausbeute aus der Ibiza- und Casino-Affären wie ein Amateurjob an. Einerseits Chats, bei denen offenbar keiner der Beteiligten je darüber nachdachte, ob ihn die eine oder andere Äußerung in Schwierigkeiten bringen könnte. Andererseits Ermittler, deren Möglichkeiten gesetzlich stark eingeschränkt sind, und denen die technische Latte dank digitaler Schutzmechanismen immer höher gelegt wird. Knappe Budgets der Behörden machen es obendrein schwierig, für dieses technische Katz- und Mausspiel zwischen Hacker und (potenziell) Gehackten die teuren Spezialwerkzeuge zu erwerben, die zum erfolgreichen Knacken moderner Smartphones nötig sind.

Ein grelles Licht auf diese Entwicklung warf ein terroristischer Anschlag in San Bernardino im US-Bundesstaat Kalifornien Ende 2015 und die folgende Auseinandersetzung zwischen dem US-Bundeskriminalamt FBI und dem iPhone-Hersteller Apple. Die Geschichte in Kürze: Bei einer Weihnachtsfeier im Büro der Gesundheitsbehörde des Bezirks San Bernardino im südlichen Kalifornien wurden bei einem terroristischen Attentat 14 Menschen ermordet, 22 weitere schwer verwundet. Es waren ausgerechnet zwei Mitarbeiter der Gesundheitsbehörde, die den furchtbaren Anschlag mit Schusswaffen und einer – nicht funktionierenden – Bombe verübten.

Nach einer mehrstündigen Verfolgungsjagd wurden die beiden Attentäter in einem Schusswechsel getötet. Das FBI beschrieb sie als »homegrown terrorists«, in den USA »herangezüchtete« Terroristen, die sich von den Taten ausländischer Terrorgruppen inspirieren ließen. Eine Verbindung zu anderen Terrorzellen wurde nicht gefunden. Jahrelange »Internet-Vergiftung« (in den Worten des FBI) und ein Besuch in Saudi-Arabien hätten zur Radikalisierung geführt. In der Wohnung der Attentäter fand sich ein ganzes Waffenarsenal – sowie mehrere Smartphones.

In der Hoffnung auf weitere Tat-Hinweise und den Verbindungen der Täter wandte sich das FBI an Apple, um eines der sichergestellten iPhones zu öffnen. Aber trotz Unterstützung durch Apple-Experten erwies sich die Sperre als zu stark, um geöffnet zu werden. Der Code wurde nicht erraten, woraufhin nach einer Reihe falscher Eingaben das Smartphone gesperrt war. Damit waren die Daten sowohl am Handy als auch der Online-Datensicherung unzugänglich.

Das FBI wandte sich daraufhin an das Gericht, das schließlich Apple dazu aufforderte, eine spezielle Softwarelösung zum Knacken des iPhones zu entwickeln. Von Juristen als »PR-Aktion« des Gerichts bezeichnet, hatte die 42-seitige Aufforderung keine andere Rechtskraft als den eines dringenden schriftlichen Appells, Apple möge doch bitte dem FBI helfen. Eine tatsächliche Verpflichtung ließ sich daraus nicht ableiten, wie kurz darauf die Entscheidung eines anderen Gerichts zeigte. Allerdings eröffnete es ein Match zwischen FBI und Apple darüber, was wichtiger sei: Die Aufklärung terroristischer Anschläge, noch dazu auf dem Boden der USA, oder der Schutz von Smartphones vor möglichem Missbrauch.

Der Kampf um die öffentliche Meinung

Die Debatte war nicht neu und fand hinter den Kulissen bereits seit vielen Jahren statt. Bisher hatte sie nicht dazu geführt, dass Technologie-Unternehmen den Wünschen von Justiz und Exekutive nach Hintertüren zu ihrer Hard- und Software nachkamen. Mit dem Anschlag von San Bernardino glaubte das FBI, einen Hebel in der Hand zu haben, um Apple durch öffentlichen Druck zum Einlenken zu zwingen. Von Staatsanwälten und Polizeichefs bis zum damaligen Präsidentschaftskandidaten Donald Trump, der zu einem Boykott von Apple aufrief, fand das FBI lautstarke Unterstützung.

Bei der Abwägung zwischen Datenschutz und Schutz vor Terror und Kriminalität war die öffentliche Meinung gespalten. Unmittelbar nach Bekanntwerden des gerichtlichen Hilferufs zeigte sich in einer Umfrage eine Mehrheit von 51 Prozent auf Seiten des FBI, nur 38 Prozent teilten Apples Standpunkt. Üblicherweise versucht Apple, Kritik an seinen Produkten oder – seltenen – Pannen durch Stillschweigen auszusitzen, wie einige Jahre davor bei »Antennagate«, der

Kritik an schlechter Antennenleistung seiner iPhones. Aber nach einem furchtbaren Anschlag mit 14 Toten war Schweigen keine Option.

Apple-Chef Tim Cook war das klar. Und so kam es zu einem ungewöhnlich scharfen Statement. Es sei verständlich, dass die Polizei das iPhone nach Hinweisen auswerten wollte. Aber dazu wolle man Apple zwingen, den Schutz von Millionen Kunden aufzugeben. Niemand könne garantieren, dass die dafür entwickelte Software nicht gestohlen und vielfach missbraucht würde. »Die US-Regierung verlangt von uns nichts weniger, als dass wir unsere eigenen Kunden hacken und jahrzehntelange Verbesserungen beim Schutz unserer Kunden vor raffinierten Hackern und Cyberkriminellen einfach opfern.«

Tim Cooks Statement und offensive Medienarbeit zeigten Erfolg. Die Mehrheit drehte sich, Reuters fand nunmehr 46 Prozent Zustimmung für Apples Standpunkt, nur noch 35 Prozent sprachen sich für die Forderung der Justiz aus. Sogar ein Sonderberichterstatter der Vereinten Nationen, David Kaye, sprach sich offiziell für Verschlüsselung als »Basis der Meinungsfreiheit im digitalen Zeitalter« aus. Die Anordnung des FBI würde die Arbeit und das Leben zahlloser Menschen gefährden, die auf die Sicherheit ihrer Kommunikation angewiesen seien.

Noch während sich Cook auf seinen Auftritt vor Gericht vorbereitete, zog das FBI plötzlich seinen gerichtlichen Antrag gegen Apple zurück. In einer knappen Erklärung hieß es, mit Hilfe einer »dritten Stelle« konnte das iPhone geknackt und die Daten ausgelesen werden. Wer der geheimnisvolle Helfer der Polizei war, gab das FBI nicht bekannt. Medienberichte schrieben es dem israelischen Unternehmen Cellebrite zu, ein Spezialist für Smartphone-Forensik. Das FBI dementierte, Cellebrite tat, was es immer tut: Es schwieg. Mehr wurde dazu seither nicht mehr bekannt.

Die Smartphone-Knacker

Detaillierte Information über die professionellen Smartphone-Knacker ist nicht nur in diesem spektakulären Fall schwer zu bekommen. Während Angebote zur IT-Security ein vergleichsweises transparentes Feld sind, bleiben Anbieter, die Smartphones knacken oder ausspionieren können, lieber im Dunkeln. Denn jedes legitime Instrument, das zur Aufklärung krimineller und terroristischer Aktivitäten beitragen und möglicherweise Anschläge verhindern kann, wird in den Händen autoritärer Staaten, privater Ermittler und paramilitärischen privaten Sicherheitsdiensten zur gefährlichen Waffe. Bestens geeignet, um die politische Opposition, Dissidenten, Journalisten, Whistleblower und andere unbequeme Zeitgenossen zu bespitzeln und auszuschalten.

Cellebrite versucht, sich seit einiger Zeit in diesem Feld als einer der Guten zu positionieren. 1999 als IT-Securityfirma in

Petach Kitwa in Israel gegründet, betreibt das Unternehmen seit 2007 den Bereich »Mobile Forensic«. Der iPhone-Hack für das FBI bescherte Cellebrite als Hacker vom Dienst für Polizisten rund um den Globus erstmals Schlagzeilen. Dabei seien sie schon lange davor die ersten gewesen, die verschlüsselte BlackBerrys, TomTom-GPS-Navis, Android-Handys und iPhones knacken und deren Daten auslesen konnten, sagte Cellebrite CEO Yossi Carmil voller Stolz in einem seiner seltenen Interviews mit der israelischen News-Plattform YNET.

2,5 Millionen Kriminalfälle habe das Unternehmen nach Angaben von Carmil im Jahr 2018 geholfen zu lösen, mit hunderten Polizeibehörden rund um den Globus als Kunden. Beobachter schätzen den Marktanteil von Cellebrite auf 50 Prozent – genaue Daten sind in dieser Branche nicht zu bekommen. Immerhin diese: Der Wert von Cellebrite liegt derzeit bei rund zwei Milliarden US-Dollar, gemessen an dem 30-prozentigen Anteil, den der Tech-Fund IPG (Israel Growth Partners) 2018 vom bisherigen japanischen Alleineigentümer Sun Corporation erworben hat.

Das Hauptprodukt von Cellebrite ist ein Gerät in der Größe eines dickeren Notebooks, in einem Koffer mit dutzenden Kabeln zur Verbindung mit unterschiedlichen Geräten. Wenn sich das »UFED« – Abkürzung für Universal Forensic Extraction Device, frei übersetzt: universelles forensisches Absauggerät – an die Arbeit bei einem Handy macht, bleibt ihm nichts verborgen. Auch das jüngste Apple-Betriebssystem iOS 13, das im Herbst 2019 auf den Markt kam, werde

Cellebrite als erster knacken, versprach Carmil bereits vor seinem Erscheinen. Ob es gelungen ist, wurde bisher nicht bekannt, aber die Wahrscheinlichkeit spricht dafür.

»Muss man haben«

Cellebrite ist bei der österreichischen und der deutschen Polizei und Verfassungsschützern im Einsatz, selbst wenn diese darüber offiziell nicht reden. Die Recherche in parlamentarischen Unterlagen gibt jedoch eindeutigen Aufschluss darüber, dass die Geräte der Firma mit einer Niederlassung in München bereits seit vielen Jahren beste Freunde und Helfer sind, wenn es darum geht, Zugang zu beschlagnahmten Smartphones zu erhalten.

Klare Hinweise lieferte unter anderem der parlamentarische Untersuchungsausschuss des österreichischen Nationalrats, der sich 2019 mit den skandalösen Hausdurchsuchungen und Beschlagnahmen beim Bundesamt für Verfassungsschutz und Terrorismusbekämpfung (BVT) beschäftigte. Während sich die Polizei bei journalistischen Anfragen über ihre Ausstattung zur mobilen Forensik sonst wortkarg gibt, plauderte »F.K.« im Ausschuss frei von der Leber weg: Das Cellebrite »UFED Touch hat ganz sicher – muss das haben — jede Landesdirektion«, erzählte »F.K.« freimütig den Abgeordneten. Und weiter: »Es gäbe auch noch ein weiteres Produkt, ich weiß nur nicht, ob ich jetzt darüber so in der öffentlichen Sitzung reden soll, das ist...« An der Stelle unterbrach der vorsitzende Verfahrensrichter die Aussage mit der Erklärung: »Das wird jetzt verweigert.«

Die Anschaffung, die »ganz sicher jede Landespolizeidirektion« hat, wird auch durch diverse parlamentarische Anfragebeantwortungen des Innenministeriums belegt, erstmals 2015, als das Ministerium zwar bestätigte, dass es Produkte von Cellebrite im Einsatz habe. Allerdings wurde damals »von der Eruierung der Kosten aufgrund des exorbitanten Verwaltungsaufwands Abstand genommen«. Auch 2017, 2018 und 2019 finden sich Kosten für Cellebrite – meist für Training und Analysen – in Tabellen des Innenministeriums versteckt, die es dem Parlament bei Anfragebeantwortungen lieferte.

In Deutschland verdanken wir Einsichten in die von der Polizei verwendeten Instrumente zum Auslesen von Smartphone-Daten einer parlamentarischen Anfrage aus dem Jahr 2018. Dabei erwiesen sich die deutschen Polizeibehörden mit ihren Angaben offener als die Kollegen in Österreich: Insgesamt sieben verschiedene Programme bzw. damit verbundene Hardware kommt in Deutschland zum Einsatz. Wie in Österreich ist dabei Cellebrite offenbar der Liebling der Polizei, zusammen mit Elcomsoft aus Russland. Weitere Tools liefern die US-Firmen Oxygen Forensic, Access Data und Magnet Forensics sowie die schwedische MSAB, deren Software auch vom Zoll und dem deutschen Bundesamt für Migration und Flüchtlinge verwendet wird.

Legales Hacking für die Polizei ist ein gutes Geschäft, wie einige bekannt gewordene Verträge zeigen. So soll die Staatsanwaltschaft der Stadt New York 200.000 US-Dollar dafür bezahlen, einen »Premium«-Dienst von UFED drei Jahre lang in Anspruch zu nehmen. Dies würde mittels spezieller Software ermöglichen, Smartphones von Polizei-PCs aus zu knacken. Das FBI wiederum hat für Cellebrite-Produkte seit 2012 wenigstens zwei Millionen US-Dollar ausgelegt.

Nette Summen, aber wohl nur die Spitze dessen, was Cellebrite mit Behörden verdient. Migration und Flucht im xenophoben Zeitalter von Donald Trump sind ein gutes Geschäft für den Smartphone-Knacker: 2019 wurde ein Vertrag mit der US-Einwanderungsbehörde ICE (Immigration and Customs Enforcement) bekannt, wonach sich die Behörde den Zugang zu den Handys von Einreisenden 30 bis 35 Millionen Euro im Jahr kosten lässt. Auch in Deutschland und Österreich werden Smartphones immer mehr zum Beweismittel Nummer eins, um die Asylangaben geflüchteter Menschen zu überprüfen – Kosten unbekannt.

Ein neuer Einsatzbereich der Werkzeuge von Cellebrite sorgt derzeit in Kanada für Kontroversen und Proteste von Bürgern: der »Textalyzer«. Dabei geht es – in Analogie zum »Breathalyzer«, dem Alkoholtester – um die Frage des Nachweises, ob ein Autofahrer verbotenerweise während der Fahrt das Smartphone zum Texten verwendet hat. Anders als Alkoholisierung oder überhöhtes Tempo ist das in der Regel nicht zu beweisen. Bis jetzt: Der Textalyzer wird an das Handy angeschlossen, knackt den Sperrcode, und liest aus dem Smartphone Daten zur Benutzung aus, mit exaktem Zeitstempel versehen.

Die dunkle Seite

Er könne gut schlafen, weil seine Arbeit die Welt sicherer mache und er genau wisse, wem er diene, verteidigt Yarmil die Tätigkeit von Cellebrite als Smartphone-Knacker im Dienste der Polizei. Tatsächlich haben zivilgesellschaftliche Organisationen – wie »The Citizen Lab«, ein Forschungsinstitut an der Universität Toronto, das zwielichtige Aktivitäten von Sicherheitsunternehmen erforscht und dokumentiert – bisher keine Vorbehalte gegen die Arbeit von Cellebrite bzw. den Polizeibehörden geäußert.

Hingegen beschäftigt ein anderes israelisches Unternehmen die Forscher des »Citizen Lab« überdurchschnittlich häufig, wenn es um Eingriffe in Menschenrechte durch Hacking im Auftrag von Staaten geht: Die NSO Group, in Europa unter dem in Luxemburg registrieren Ableger Q Cyber Technologies tätig. »Cellebrite arbeitet in der legitimen Welt von Polizeibehörden, deren Arbeit genau kontrolliert wird, anders als die Welt der NSO-Kunden, die sich auf illegale und verborgene Art betätigen. Wir sind gänzlich auf der guten Seite, wo nur aufgrund richterlicher Anordnung gehandelt wird. Wir machen keine Werkzeuge, mit denen Geheimdiens-

164

te oder private Organisationen einbrechen und überwachen können«, grenzt sich der Cellebrite-CEO mit einem Seitenhieb auf die NSO Group ab.

Die im Schatten agierende NSO Group ist in den beiden letzten Jahren durch zwei dramatische Ereignisse in die Schlagzeilen geraten. Das eine war die Ermordung des aus Saudi-Arabien stammenden Publizisten der »Washington Post«, Jamal Khashoggi, im saudischen Konsulat in Istanbul, die weltweit Empörung hervorrief. Die Saudis hatten bereits über viele Jahre einen riesigen Überwachungsapparat im »Center for Studies and Media Affairs« aufgebaut, das dem saudischen Kronprinzen »MBS«, Mohammed bin Salman, untersteht. Dieses Zentrum diente der Überwachung saudischer Bürger, Dissidenten und Journalisten, sowie der Manipulation von Social Media im Sinne des Regimes. Eine zentrale Rolle spielten dabei die Hilfe der NSO Group und ihres Ablegers Q Cyber Technologies, sowie die Firma Dark Matter aus den Emiraten, davor auch Überwachungs-Software der italienischen Firma Hacking Team.

Khashoggi, ein früherer Vertrauter von MSB, war durch seinen Widerspruch gegen das Regime in das Visier des saudischen Überwachungsapparats geraten. Der Weg auf das Smartphone und damit alle vertraulichen Daten des Journalisten führte über die Pegasus-Software der NSO Group. Dabei wird über eine unbekannte Software-Lücke das Smartphone der Zielperson infiltriert: Danach ist das Gerät praktisch unter völliger Kontrolle der Angreifer. Gespräche können mitgehört, alle Nachrichten ausgelesen, Mikrofon und Kameras zum Spionieren aktiviert, die Daten vom Handy abgesaugt werden – ohne dass der Betreffende dies bemerkt. So konnte Khashoggi in jeder Phase überwacht und der »Staatsmord« (in den Worten der UNO-Sonderberichterstatterin Agnès Callamard) vorbereitet werden.

Das andere Ereignis, das die Spyware der NSO Group erneut ins Zentrum der Aufmerksamkeit rückte, war die Infiltrierung von WhatsApp durch einen Software-Fehler in der App. Über einen WhatsApp-Anruf konnte die Schadsoftware von NSO auf Smartphones installiert werden. Das gelang selbst, wenn der Anruf sofort wieder beendet wurde, ohne dass der Anruf angezeigt wurde. Die Schadsoftware ermöglichte es dann, bei WhatsApp mitzulesen, ehe die Nachrichten vom Handy verschlüsselt werden. Möglicherweise wurden auf den angegriffenen Handys auch weitere Informationen ausgelesen. Entdeckt wurden die Angriffe von Facebook selbst, das kurz nach dem Bekanntwerden die Lücke mit einem Sicherheitsupdate schloss.

Welchen genauen Umfang die »sehr zielgerichteten Angriffe« (so Facebook) hatten, wurde nicht bekannt. Von 1400 Opfern ist die Rede, darunter ein Anwalt, der in eine Klage gegen die NSO Group involviert war. Dabei ging es gleichfalls um Spionage gegen saudische Dissidenten, die letztlich zur Ermordung von Khashoggi geführt hatte. In einem knappen Statement wies die NSO Group Beschuldigungen zurück, wonach sie an den Angriffen beteiligt gewesen sei. Die etwas schwache Erwiderung: Man arbeite nur mit Regierungsagenturen im Kampf gegen Terror und Verbrechen zusammen und würde nie selbst Personen mit ihrer Spionagesoftware überwachen.

Wenn diese Regierungsagenturen, wie im Fall Khashoggi, jedoch selbst zu Mördern werden, ist dies kaum »Schutz vor Missbrauch« der NSO-Software. Es ist die Software selbst, die den Missbrauch darstellt. Mit Vertretern der NSO Group über dieses Thema ein Gespräch zu führen, erweist sich als unmöglich. Zwar gibt es eine eigene Mailadresse für Medienanfragen, auf Antworten wartet man jedoch vergeblich. Und bei einem Empfang bei einer Digitalkonferenz in Tel Aviv im Herbst 2019 bedauerte man dem Autor gegenüber, dass ausschließlich Hebräisch gesprochen werde.

Die digitalen Reiter

Es ist Spyware wie die Schadsoftware der NSO Group, wenn die Exekutive in Österreich und Deutschland vom »Bundestrojaner« als neuer Wunderwaffe im Kampf gegen organisierte Kriminalität und den Terror spricht. Dieses wundersame Wesen, halb Amtsschimmel, halb digitale Homerische List, ist die große Hoffnung der Exekutive, mit zunehmender Verschlüsselung und einer immer raffinierteren kriminellen und terroristischen Szene mithalten zu können. Denn die bisherigen Möglichkeiten der telefonischen Überwachung werden immer schwächer, da Gespräche und Nachrichten über verschlüsselte Apps ausgetauscht und somit beim Betreiber nicht abgehört werden können. Spyware würde hingegen der Polizei bei der Verfolgung und Observation Verdächtiger neue Optionen in die Hand geben. Damit können nicht nur der Standort und die Kommunikation verfolgt werden, sondern durch den Zugriff auf das Smartphone wird eine perfekte Wanze direkt an der Zielperson platziert.

In Deutschland ist der Polizei seit dem Sommer 2017 diese im Amtsdeutsch »Quellen-Kommunikationsüberwachung« (oder kurz und knackig Quellen-TKÜ) genannte Ausspionierung bei den Ermittlungen zu schweren Straftaten wie Terrorismus, Mord, Geldwäsche und Rauschgifthandel gesetzlich ermöglicht. Die Hoffnungen der Kollegen der österreichischen Polizei auf den Einsatz des »Bundestrojaners« mit April 2020 wurden hingegen von einer Entscheidung des österreichischen Verfassungsgerichtshofs kurz vor Weihnachten 2019 zunichte gemacht. Ein solch schwerwiegender Angriff auf die Privatsphäre der Bürger sei nicht zu rechtfertigen, entschieden die Höchstrichter.

Im deutschen Bundeskriminalamt kommen drei unterschiedliche Arten von Software als Trojaner zum Einsatz: Zwei Systeme namens Remote Control Interception Software (RCIS) 1.0 und 2.0 wurden von der Behörde selbst entwickelt, dazu kommt »FinSpy« des deutschen Unternehmens FinFisher. Für die Qualität der Spyware »Made in Germany« gibt es ein mehr als fragwürdiges Zeugnis: So wird es von der Türkei eingesetzt, um Dissidenten im Land auszuspionieren.

Interessant ist ein Erfahrungsbericht des WDR zum Einsatz des deutschen Bundestrojaners: Die Software wird bislang kaum von den Polizeibehörden eingesetzt. Zwar wird vor allem Terrorismusbekämpfung von der Justiz gerne als Hauptgrund für die Notwendigkeit von Spyware genannt. Zwar hat der Generalbundesanwalt 2019 über 500 neue Terrorismusverfahren eingeleitet – dabei jedoch in keinem einzigen Fall den Einsatz der Quellen-TKÜ beantragt.

Die Exekutive sieht sich in der Diskussion um diese Möglichkeit in der Defensive: »Es ist eine staatspolitische Frage. Früher durfte die Polizei Briefe öffnen, das Telefon abhören, SMS lesen. Dazu gibt es rechtliche Rahmenbedingungen« – eine richterlich genehmigte Durchsuchungsanordnung – »und man hat sich darauf verständigt, dass die Polizei dies im Rahmen von Ermittlungen unter Kontrolle darf. Jetzt schränken die technischen Entwicklungen diese Rechte völlig ein«, klagt ein hoher Beamter des österreichischen Innenministeriums. »Jeder dahergelaufene Suchtgifthändler kann sich über WhatsApp unterhalten, und die Polizei kann sein Handy nicht auslesen. Das ist nicht im Sinne der Gesellschaft.«

Anders als in den USA, wo Justiz und FBI darauf drängen, eine technische Hintertür zu verschlüsselter Kommunikation und Smartphones zu bekommen, steht die europäische Polizeibehörde Europol einem solchen Zugang skeptisch gegenüber. Man wolle keine schwachen Verschlüsselungen und »keine Backdoors«, da gut gesicherte Systeme der Grundbaustein gesellschaftlicher Sicherheit seien, erklärte mir ein Europol-Beamter im vertraulichen Gespräch. Aber: »Es geht beim Schutz der Privatsphäre auch der Schutz vor Missbrauch verloren. Der Facebook-Messenger, der wie WhatsApp automatisch verschlüsselt werden soll, ist für die Exekutive eine der wichtigsten Quellen, um nach Material von Kindesmissbrauch zu suchen und Täter auszuforschen.«

Wenn es keine legale Hintertür gibt, bleibt als Konsequenz für die Polizei nur die Berechtigung zum Hacken. Aber das Knacken von Telefonen und der Zugriff durch Spyware wird für die Exekutive immer aufwändiger und teurer. 2018 kostete es eineinhalb Millionen Euro, um eine iPhone-Schwachstelle zu nutzen – die in der Regel mit dem nächsten Update des Betriebssystems geschlossen war, beschreibt der Europol-Beamte. Ein wesentlicher Grund dafür ist, dass Hersteller wie Google lukrative Hacker-Wettbewerbe ausschreiben, um selbst die »Zero Day Exploits«, wie unbekannte Sicherheitslücken genannt werden, zuerst zu entdecken und zu schließen.

Sein Fazit: »Der gesellschaftliche Vertrag mit der Exekutive muss erneuert werden für die digitale Ära. Dieses Grundverständnis steht unter Druck und wir müssen es neu diskutieren. Bei all diesen Maßnahmen wie der Verwendung eines Trojaners gibt es Kollateralschäden – die Frage ist: Welchen Preis sind wir als Gesellschaft bereit, dafür zu bezahlen?«

Sicheres Messaging

WhatsApp & Co. haben Leben in unsere Texte gebracht, mit Fotos, Videos, lustigen GIFs oder informativen Newslettern. Wie ein Tagebuch protokollieren sie unsere Unterhaltungen, diverse Onlinedienste verwandeln längere WhatsApp-Threads sogar in gedruckte Erinnerungsbücher.

Soweit, so harmlos. Aber wie steht es um den Schutz vertraulicher Inhalte? Die schlechte Nachricht: Zwar verhindert End-to-End-Verschlüsselung (vom Sender bis zum Empfänger), dass Texte bei der Übertragung mitgelesen werden können. Aber am Handy sind sie gespeichert und können wiederhergestellt werden, falls sie gelöscht wurden. Dazu kommt das Risiko, dass ein Empfänger vertrauliche Nachrichten weiterleitet.

Zwei Möglichkeiten des teilweisen Schutzes bleiben: Einerseits die Messaging-App Signal, die zur Benutzung ein getrenntes Passwort erfordert. Ein offenes Handy gibt darum Signal-Nachrichten nicht preis. Andererseits das Konto der Messaging-App abmelden und löschen. Damit werden auch alle Nachrichten gelöscht. Verlässlichen Schutz vor dem Bruch von Vertraulichkeit bietet nur Selbstdisziplin: Nachrichten nicht so zu schreiben, dass ihre Inhalte eines Tages sehr unangenehm auf die Beteiligten zurückfallen. Vorsicht vor unbekannten Apps, die plötzlich zu großer Prominenz gelangen: So stellte sich Ende 2019 heraus, dass die Messaging-App »ToTok« (klingt wie TikTok, damit jedoch nicht verwandt) in Wahrheit Spyware aus den Vereinten Arabischen Emiraten ist und Kontrolle über das Handy übernimmt.

Wie viele Lebensjahre ist Ihnen Ihre Privatsphäre wert?

Achtes Kapitel, in dem wir erfahren, wie das Handy zum
Lebensretter werden kann und wie wir dank Smartphone,
Apps und Smartwatches viel für unsere Gesundheit tun
und frühzeitig mögliche Erkrankungen erkennen können.
Und wer außer uns noch großes Interesse an unseren
Gesundheitsdaten hat.

Der Lebensretter

Immer wieder wird darüber diskutiert, ob Mobilfunk gesund-
heitsschädlich sein könnte. Was hingegen kaum beachtet
wird: Ihr Smartphone kann lebensrettend sein. Etwas weniger dramatisch, jedoch nicht weniger positiv: Smartphones,
Apps und Smartwatches können sehr viel dazu beitragen,
dass wir unsere Gesundheit erhalten und frühzeitig mögliche
Erkrankungen erkennen und behandeln können.

Meldungen wie diese finden sich meist nur in Lokalnach-
richten und sorgen selten für breite Aufmerksamkeit: In Linz
in Oberösterreich sitzt ein 13-jähriges Mädchen auf einem
Brückenpfeiler über einer sehr befahrenen Straße. Bereits zuvor wurde sie wegen Suizidgefahr in einem nahegelegenen
Spital aufgenommen. An diesem Sonntagnachmittag wird
jetzt entdeckt, dass sie abgängig ist. Anrufe am Handy be-

antwortet sie nicht. Mit Hilfe des Mobilfunk-Betreibers kann die Polizei rasch ihren Standort ermitteln – in Notfällen ist dies ohne den ansonsten für jede Art von Überwachung nötigen Gerichtsbeschluss möglich. Gerade noch rechtzeitig: Die Polizei findet sie und hindert sie im letzten Augenblick daran, auf die Fahrbahn zu springen.

Oder diese Nachricht: Bei einer winterlichen Bergtour stürzt ein deutscher Bergsteiger, der alleine unterwegs ist, in eine 20 Meter tiefe Felsspalte. Er hat doppeltes Glück im Unglück: Er überlebt den Sturz ohne schwere Verletzungen – und sein Handy hat in der Bergspalte Mobilfunkempfang. Einige Tage nach seinem Absturz wird er von der Bergrettung geborgen, da er seine Standortdaten übermitteln konnte.

Bei Unfällen, Herzinfarkten, Schlaganfällen geht es oft um wenige Minuten, die lebensrettend sein oder schwerwiegende Folgen verhindern können. Die wohl einfachste und häufig gebrauchte Funktion von Handys, seit sie überall und jederzeit vorhanden sind, besteht darin, Hilfe zu rufen, am besten über die internationale Notrufnummer 112. Dies funktioniert auch, wenn das Handy nicht entsperrt ist oder das Netz des eigenen Betreibers nicht verfügbar ist.

Der Notruf lässt sich heute auf Smartphones mit vielerlei zusätzlichen Möglichkeiten ausstatten, die für weitere Maßnahmen entscheidend sein können. Ein sehr bemerkenswertes Beispiel dafür ist die Lebensretter-App, die von der Medizinischen Universität Wien und ihrer Hochschülerschaft entwickelt wurde und seit zwei Jahren bereits vielfach geholfen hat. Sie geht davon aus, dass in der Umgebung eines Notfalls häufig Menschen mit der nötigen Ausbildung und Erfahrung sind, die als Ersthelfer tätig werden können und entscheidende Augenblicke schneller sind als Rettung und Notarzt. Vor allem bei Herzstillstand ist dies der Fall. Jedes Jahr sterben rund 12.000 Menschen in Österreich an Herzstillstand, in Deutschland wird die Zahl auf 100.000 bis 200.000 Menschen geschätzt. Viele könnten überleben, wenn Hilfe schnell genug zur Stelle wäre. Mit jeder Minute ohne lebenserhaltende Maßnahmen sinkt die Überlebenschance um etwa zehn Prozent.

Bei einem Notruf an die Rettungsstelle werden einerseits Rettung und Notarzt in Bewegung gesetzt. Andererseits werden qualifizierte Helfer in der Nähe des Standortes ermittelt, die sich über die App registriert haben und für Hilfe zertifiziert wurden. Diese Helfer – in Wien sind es Sanitäter und Studierende der MedUni Wien – können noch vor der Rettung an Ort und Stelle sein und lebenserhaltende Maßnahmen setzen. In zwei Jahren gab es mit Hilfe der Lebensretter-App (in App Stores unter »Team Österreich Lebensretter«) 700 erfolgreiche Einsätze. 2018 waren rund 4000 Personen als potenzielle Helfer registriert.

Das deutsche Startup Corevas hat für Notfälle »EmergencyEye« (das Notfalls-Auge) entwickelt, damit für die Rettungsaktion alle Möglichkeiten des Smartphones – Ortsdaten, Kameras, Sprache –ausgeschöpft werden können. Bei einem Notruf greift das System mit Zustimmung des Anrufers direkt auf das Handy zu: Die Kameras werden aktiviert, um einen Überblick über die Lage zu bekommen und Hilfseinsätze rasch planen zu können. GPS übermittelt die exakten Standortdaten. Auf die Idee kamen die drei jungen Gründer aus eigener leidvoller Erfahrung bei einem Motorradunfall in Frankreich. Bis die Hilfskräfte eintrafen, dauerte es eineinhalb Stunden – Zeit, die bei kritischen Verletzungen das Leben kosten können. Als die Retter schließlich da waren, mussten sie sich erst ein Bild von der Lage machen. Die Sprachbarriere erschwerte die Verständigung zusätzlich. Diese Hürde kann EmergencyEye überwinden, da im Chat eine automatische Übersetzung in eine Vielzahl von Sprachen möglich ist.

Dabei löst EmergencyEye das klassische Henne-Ei-Problem, dass vor einem Notfall eine App installiert werden müsste – was selten geschieht, da wir offenbar darauf gepolt sind, nicht zu glauben, je von einem Notfall betroffen zu sein. EmergencyEye geht einen anderen Weg: Bei den Notrufstellen wird Software installiert, die an das Smartphone des Anrufenden einen Link schicken. Mit Aktivierung des Links wird der Zugriff auf das Handy und seine Funktionen ermöglicht. Quasi ein erlaubter Hack, um Leben zu retten.

Diese Lösung ermöglicht, dass es nicht erst einer landesweit koordinierten Aktion bedarf, um EmergencyEye einzuführen: Es kann von Städten, Kreisen (in Deutschland) oder Bezirken (in Österreich) eingeführt werden, wo die jeweiligen Notrufdienste koordiniert werden. EmergencyEye bietet sich auch für Dienstleister an, wenn es nicht um Leben oder

Tod geht. So kann das Callcenter eines Autopannendienstes per Handykamera einen Eindruck bekommen, welcher Schaden möglicherweise zu beheben ist, welche Werkzeuge oder Ersatzteile für einen Reparatureinsatz nötig sind.

Das rasende Herz

Von der raschen und effektiven Hilfe im Notfall zur Prävention von Notfällen: Das ist das Ziel der meisten Entwicklungen, die unsere Smartphones und Smartwatches in eine mobile Gesundheitsschwester verwandeln. Besonders weit vorgeschritten ist dabei die Apple Watch, deren jüngste Version viele dieser Funktionen ermöglicht. Dazu gehört ein Pulsmesser und ein eingebautes EKG zur Kontrolle des Herzschlags. Dies kann wesentlich dazu beitragen, das Volksleiden Vorhofflimmern rechtzeitig zu erkennen.

Rund zwei Prozent aller Menschen sind von dieser Erkrankung betroffen, die schon in jungen Jahren auftreten kann, obwohl das Risiko im Alter steigt. Bluthochdruck, Herzschwäche, exzessiver Alkoholkonsum sind Risikofaktoren, die zu einem stark unregelmäßigen Puls führen können, was oft als »Herzrasen« wahrgenommen wird. Vielfach werden diese Beschwerden jedoch nicht diagnostiziert, damit auch nicht behandelt.

Die Uhr prüft kontinuierlich den Pulsschlag und kann aufgrund der laufenden Datensammlung unregelmäßigen

Herzrhythmus erkennen. Auch wenn dies nicht lebensgefährlich ist, sei er ein wesentlicher Risikofaktor für einen Schlaganfall, erklärt der deutsche Kardiologe Thomas Deneke vom Rhön-Klinikum Bad Neustadt im Magazin »Stern«. Im Vergleich zu einem klinischen Langzeit-EKG weist die Apple Watch derzeit eine Genauigkeit von 85 Prozent Erkennung auf. Das sei bereits sehr gut, sagt Deneke: »Wir stehen am Anfang einer vielversprechenden Technik.« Vor allem im ländlichen Raum könne man damit Patienten nach einem Klinikaufenthalt gut betreuen und ihnen den weiten Weg zum EKG ersparen.

Mit den zunehmenden Möglichkeiten von Smartphones und Smartwatches als medizinische Helfer aufzutreten, geraten sie in das Visier medizinischer Regulierung. Und diese weist große Unterschiede zwischen den USA und Europa auf. So ist das EKG der Apple Watch in den USA von der Aufsichtsbehörde Food and Drug Administration (FDA) als Medizinprodukt zweiter Klasse (mit mäßigem Risiko verbunden) genehmigt. In der EU ist die EKG-Funktion hingegen noch nicht zertifiziert. Seitens der FDA gibt es aktive Unterstützung für die Einführung neuer Technologien, die Apple Watch sei ein Beispiel »wie Gesundheitsfürsorge neu erfunden« werde: Nutzer würden selbst über ihre Daten verfügen und können informierte Entscheidungen treffen.

Europa geht hingegen einen anderen Weg, schreibt die Schweizer »Handelszeitung« in einer ausführlichen Analyse. Ausschlaggebend für Zulassungen medizinischer Geräte (Software wie Hardware) ist die Medizinproduktrichtlinie, MDR abgekürzt. Diese unterscheidet nach vier Risikoklassen, wobei vor allem Gesundheitsapps in die niedrigste Risikoklasse fallen und keiner Zertifizierung bedürfen. Ab Mai 2020 wird jedoch dieses Regime verschärft, vieles bisher nicht zertifizierte muss sich nun um Zulassung bemühen. Ob die EKG-Funktion der Apple Watch damit je in Europa zugelassen wird, ist ungewiss. Besser also mit 100 Prozent Nichterkennung bei Vorhofflimmern leben als es mit 85-prozentiger Wahrscheinlichkeit rechtzeitig erkennen, könnte man sarkastisch diese Verschärfung der Zulassungsbestimmungen kommentieren.

Der smarte Inhalator

Ein anderes Angebot zeigt, wie Big Data Menschen mit chronischen Beeinträchtigungen – in diesem Fall mit einer Asthma-Erkrankung – helfen kann. Dabei wird die Anwendung des Asthma-Inhalators mit Hilfe des Internets der Dinge (Internet of Things, IoT) überwacht und dank des Smartphones mit anderen Daten verbunden, um die Krankheit besser zu managen.

IoT: Das bedeutet, dass ein Gerät seine Funktion über das Internet bekannt gibt. In diesem Fall registriert das Smartphone die Benutzung des Inhalators und gibt diese Information an eine spezielle Gesundheitsanwendung von Amazon

Web Services (aws) weiter. Jedes Mal, wenn ein Patient den Knopf auf seinem Inhalator drückt, wird das Signal an die Cloud übertragen.

Die Daten einer Vielzahl von Patienten werden zusammengeführt und dank Künstlicher Intelligenz mit anderen Informationen verbunden wie GPS zur Standortbestimmung, Feinstaub-Belastungen am jeweiligen Aufenthaltsort, oder an künftigen Aufenthaltsorten, die dem Terminkalender entnommen werden; Temperatur und weitere Faktoren, mit denen ein erhöhtes Risiko für Asthma-Anfälle vorausgesagt werden kann. Für den Patienten werden daraus persönliche Vorhersagen erstellt: »Vielleicht sollten Sie heute nicht ins Fitness-Center gehen, da erhöhte Belastungsfaktoren zu erwarten sind«: Mit diesem plakativen Beispiel erklärt Chez Partovi, Leiter der Gesundheitsdienste bei aws, den Nutzen.

Die Unterstützung geht über die individuellen Patienten hinaus. Gesundheitseinrichtungen, die an das System angeschlossen sind, können so rascher reagieren und allenfalls Personal aufstocken, wenn aufgrund vorhersehbarer Faktoren eine erhöhte Rate an Anfällen zu erwarten ist, die Interventionen nötig machen. »Unsere Vision für medizinische Systeme ist ein augmentiertes Entscheidungssystem zur Unterstützung des medizinischen Personals«, sagt Partovi.

Die Geheimnisse der Haut

Spannende neue Möglichkeiten ergeben sich durch vielfältige Sensoren, die aufgrund der Daten unserer Hautoberfläche Gesundheitsfaktoren erheben können. Ein Pionier in diesem Bereich ist das israelische Startup MyOr, das von Wissenschaftern der Hebrew University in Tel Aviv gegründet wurde.

Die Haut ist unser größtes Organ, und sie gibt Auskunft über die Befindlichkeit unseres Inneren, erklärte mir Idan Katz, der CEO von MyOr bei einem Gespräch anlässlich der Digitalkonferenz DLD in Tel Aviv im Herbst 2019. »Non-Invasiv«, ohne in die Haut mit einem Instrument eindringen zu müssen, kann durch Sensoren an der Hautoberfläche die »optische Signatur« analysiert werden – die chemische und biophysikalische Beschaffenheit sowie das Mikrobiom (die Hülle an Millionen Mikroorganismen, mit denen Menschen in Symbiose leben). Damit kann MyOr eine Reihe weit verbreiteter Erkrankungen erkennen. Dazu zählen Diabetes, Hautkrankheiten und Eisenmangel bei Babys, und eine frühzeitige Diagnose depressiver Erkrankungen. Für alle diese Erkrankungen hat MyOr spezielle Biomarker in der Haut entdeckt.

Die Diagnostik erfolgt über ein kleines, an der Haut angebrachtes Gerät, das mit dem Smartphone und einem Cloudservice verbunden ist. Künstliche Intelligenz ermöglicht die Auswertung dieser Daten und erstellt einen individuellen Diätplan, der präventiv wirkt und den Ausbruch der Krankheit entweder verhindern oder mindern kann. All das passiert durch medizinisches Personal und ist nicht zur Selbstbehandlung gedacht. Bei der Einhaltung der nötigen Änderungen der persönlichen Lebensart spielt das Smartphone erneut eine wesentliche Rolle, indem es die Befolgung der Diät erleichtern und überwachen kann.

Das Smartphone kann nicht nur bei der Kontrolle, sondern auch der Medikation von Typ-1-Diabetes eine zentrale Rolle spielen. Da bei Menschen mit Diabetes der Körper selbst zu wenig Insulin produziert, um den Blutzuckerspiegel konstant zu halten, müssen sie den Blutzuckerspiegel ständig messen und sich nach Notwendigkeit selbst Insulin verabreichen. Diabetes des Typ 1 tritt bereits bei Kindern und Jugendlichen auf, wobei die Zahl der Neuerkrankungen im Steigen ist. In Österreich sind rund 1.500 Kinder betroffen, in Deutschland rechnet man mit 32.000 erkrankten Kindern und Jugendlichen unter 19 Jahren. Für diese Gruppe ist das Prozedere – Blutprobe nehmen, Insulinmenge berechnen, selbst spritzen – eine große Herausforderung und Belastung.

Hilfe verspricht ein System, das im Körper implantiert wird und diese Vorgänge autonom vornimmt: Ein Glukosesensor zur kontinuierlichen Messung des Blutzuckerspiegels, eine Insulinpumpe, sowie ein Algorithmus, der die Differenz zwischen nötigem und tatsächlichem Blutzucker errechnet und die Insulinabgabe dossiert (ein »Closed Loop System«, ein geschlossener Kreislauf). In einer Art Do-it-Yourself-Bewegung haben Initiativen betroffener Patienten sowie Eltern von diabeteserkrankten Kindern seit einigen Jahren solche Systeme mit Hilfe von Smartphones-Apps entwickelt, die für die Berechnungen und die Steuerung der Pumpe sorgen. In Österreich erprobt die Med-Uni Graz im Rahmen des EU-Projekts »KidsAP« seit einiger Zeit ein System, das von der University of Cambridge in England entwickelt wurde. Die positiven Resultate lassen eine baldige Zulassung erhoffen.

Smartphones spielen eine zunehmende Rolle bei der Entwicklung mobiler medizinischer Instrumente, etwa zur Analyse von Blutproben oder für Ultraschalluntersuchungen. Blutuntersuchungen können mit dem »Lab on a Chip« durchgeführt werden, ein Labor auf einem Chip, mit dem sich winzige Flüssigkeitsmengen automatisch und vollständig analysieren lassen. Ultraschalluntersuchungen könnten durch Verwendung eines kleinen Ultraschallkopfs in Verbindung mit dem Smartphone und einer App in vergleichbarer Qualität wie mit einem stationären Gerät durchgeführt werden.

Das eröffnet vor allem in ländlichen Regionen und im mobilen Einsatz viele neue Möglichkeiten. Die Daten aus den Smartphones können mit Hilfe von Clouddiensten analysiert, Spezialisten an entfernten Orten beigezogen werden. Eine bessere Form der Arbeitsteilung ist dadurch denkbar, indem »Advanced Nurse Practitioners« – Gesundheitsberufe, die in vielen Ländern bereits in der Versorgung tätig sind – verstärkt die Grundversorgung wahrnehmen, in Zusammenarbeit mit Medizinerinnen und Medizinern in weiter entfernt liegenden Arztpraxen oder Spitälern.

Das sprechende Verhalten

Die Sensibilität von Smartphones – ihr intimes Wissen durch Sensorik, kontinuierliche Erkennung unserer persönlichen Gewohnheiten, die Vermessung unserer Bewegungen und anderes – eröffnet der medizinischen Diagnostik eine völlig neue Dimension, die mit dem Begriff Digitale Phänotypologie bezeichnet wird. Erforschung und Anwendung dieser Möglichkeiten sind noch jung, und das meiste befindet sich noch im (fortgeschrittenen) Versuchsstadium.

Durch viele Faktoren kennen Smartphones selbst kleinste Gewohnheiten und deren Änderungen. Dazu gehören Kommunikation, besuchte Websites, Medien und Filme, die Häufigkeit, mit der wir Apps verwenden, Standorte, Schrittanzahl und Schrittgröße, Tempo und Pulsschlag, Klang und Sprechtempo der Stimme, Vokabular, die Geschwindigkeiten beim Tippen und die Stärke, mit der wir auf dem Touchscreen Tasten drücken. Viele Smartphones begleiten ihre Menschen bis in den Schlaf und registrieren Schlafphasen. All das ermöglicht, einen digitalen »Fingerabdruck« zu erstellen: so genannte digitale Phänotypen.

An diesen Daten haben viele Interesse, allen voran Unternehmen, die sie gewinnbringend für Werbung und Verkauf einsetzen wollen – ein Thema, das sich durch unsere Erkundung des Spions in unserer Tasche durchzieht. Die Forderung an die Hersteller von Smartphones und Apps muss daher sein, dass wir über die Verwendung unserer höchst persönlichen Daten selbst entscheiden können. Unsere erhöhte Wachsamkeit muss den Apps gelten, die diese Daten sammeln. Ein legitimes Interesse zur Verwendung unseres digitalen Phänotyps ist medizinisch. Gesundheit wie Anzeichen von Krankheit äußern sich in Abweichungen von diesem Muster. Oft sind winzige Änderungen, die für uns selbst und unser Umfeld noch lange nicht bemerkbar sind, Vorzeichen einer Erkrankung. Frühe Entdeckung ist der wichtigste Faktor für eine erfolgreiche Behandlung. Um ein drastisches Beispiel zu geben: Wenn ein Mensch nach einem Schlaganfall stürzt und sich anschließend nicht bewegt und der Puls stark verändert ist, kann die Smartwatch einen Alarm absetzen. Natürlich »wissen« Smartphone und Watch nicht, dass es sich um einen Schlaganfall handelt. Aber die Unterbrechung des normalen Musters löst Alarm aus, um schnelle Hilfe zu bringen.

Kehren wir zum Beispiel am Beginn dieses Kapitels zurück, dem suizidalen 13-jährigen Mädchen in Linz. Dieser Handlung gehen Verhaltensänderungen voraus. Aber selbst in einem positiven Lebensumfeld werden Symptome von Freunden und Familie oft nicht erkannt, oder aus Ratlosigkeit nicht beachtet. Depressionen gehören zu einem der Forschungsfelder zur Nutzung digitaler Phänotypologie für Früherkennung und Prävention. Die Universität St. Gallen 2016 untersuchte soziales Verhalten anhand von GPS-Daten, wie oft und wie viele Menschen angerufen, welche Textnachrichten mit ihnen ausgetauscht wurden, wie viele Kontakte die Teilnehmer der Studie hatten. Mit 60 Prozent Wahrscheinlichkeit ließen sich daraus Depressionen vorhersagen – noch nicht überragend hoch, aber üblicherweise wären sie erst bei ihrem Ausbruch, möglicherweise einem Suizidversuch erkannt worden.

Digitale Phänotypie sei zur Auswertung unseres Verhaltens und der Erkennung psychischer Beeinträchtigungen wesentlich präziser als die derzeit dazu verwendeten Instrumente wie Interviews oder die Auswertung psychologischer Fragebögen, sagt der Harvard-Professor Jukka-Pekka Onnela. Er arbeitet an einem allgemein zugänglichen analytischen Modell für digitale Phänotypisierung, der sogenannten Beiwe-Plattform. Diese soll in vier Bereichen Verhaltens-Biomarker liefern, die bei Diagnose und Therapie helfen: Bei Patienten mit psychischen oder neurologischen Erkrankungen, bei Patienten nach Operationen sowie mit Krebserkrankungen. Das Open-Source-Modell ist für Forscher in aller Welt zugänglich.

Parkinson früh erkennen

Eine weitere Anwendung, durch Veränderungen unseres »digitalen Fingerabdrucks« Erkrankungen frühzeitig zu erkennen, wurde von Forschern der griechischen Aristoteles Universität gemeinsam mit Experten in Großbritannien, Portugal und Deutschland entwickelt: Eine App, um

Parkinson frühzeitig zu diagnostizieren, eine der häufigsten neurologischen Erkrankungen, die ein Prozent der Bevölkerung über 60 betrifft.

Parkinson ist ein langsam fortschreitender Verlust von Nervenzellen, der zu motorischen Störungen führt, Mangel an körperlicher Koordinierung und eingeschränkter Beweglichkeit. Eine Heilung ist derzeit nicht möglich, darum ist die frühe Erkennung von entscheidender Wichtigkeit. Dadurch kann der Verlauf positiv beeinflusst und die Lebensqualität der betroffenen Menschen erhalten werden.

2017 brachten die Forscher ihre iPrognosis Mobile App heraus: Diese App sammelt Daten des Benutzungsverhaltens der Menschen, die sich am Programm beteiligen – Menschen, bei denen Parkinson bisher nicht diagnostiziert wurde und die nicht davon betroffen sein müssen. Durch vielfältige Daten sollen frühe Spuren einer möglichen Erkrankung erkannt werden, die sonst nicht sichtbar wären. Dazu gehören die Stimme bei Telefonaten, die Gleichmäßigkeit, mit der das Handy gehalten wird (Sensoren erkennen Seismografen gleich feinste Bewegungen), Tempo beim Tippen, Zahl der Tippfehler und Korrekturen, Druckstärke. Weitere Indikatoren sind die Schrittlänge, die sich bei einer Parkinsonerkrankung unmerklich verkürzt; der Gesichtsausdruck auf Fotos, der emotionale Ton von Textnachrichten. Die Genauigkeit erhöht sich bei Verwendung einer Smartwatch oder eines Fitness-Bands, die genauere Bewegungsdaten aufzeichnet, ebenso wie Pulsfrequenz oder Hauttemperatur, womit

Schlafstörungen erkannt werden können – ebenfalls ein frühes Erkennungszeichen.

Die Nutzer der App nehmen anonym an dieser Datensammlung teil. Wird ein Hinweis auf eine Erkrankung aus ihren digitalen Daten erkannt, bekommen sie eine Mitteilung über die App – ohne dass die Forscher selbst wissen, wer die dahinterstehende Person ist. Es bleibt die persönliche Entscheidung des oder der Betreffenden, ärztliche Hilfe aufzusuchen.

Der Zyklus des Lebens

Eine Reihe von Gesundheits-Apps für Frauen sind Menstruations- oder Zyklus-Apps, am iPhone bereits in der vorinstallierten Gesundheits-App integriert. Damit können Frauen ihre Periode protokollieren und werden zum Beginn der nächsten Periode oder des nächsten fruchtbaren Zeitraums benachrichtigt. Die Apps zeichnen Informationen auf wie die Dauer der Periode, den Blutfluss oder Symptome wie Kopfschmerzen oder Krämpfe. Damit können Unregelmäßigkeiten erkannt werden, die möglicherweise auf eine Erkrankung hinweisen. Je nach App ist es möglich, Ergebnisse eines Ovulationstests oder eines Schwangerschaftsthermometers zu protokollieren.

Viele dieser Apps ermöglichen es, eine Schwangerschaft zu verfolgen und dabei als Ratgeber zu dienen. Es gibt auch spezielle Schwangerschafts-Apps, wie die Gratis-App Embryotox, die vom deutschen Gesundheitsministerium entwickelt wurde. Sie zeigt Nebenwirkungen und den Grad der Verträglichkeit gängiger Medikamente und Wirkstoffe.

Eine wachsende Zahl von Apps widmet sich in erster Linie der Unterstützung eines gesunden Lebensstils. Dazu gehören bekannte Anwendungen wie die österreichische Entwicklung Runtastic, inzwischen Teil von Adidas, und andere Fitness-Apps. Zahlreiche Hilfen unterstützen bei der Einhaltung von Diäten, erinnern an die Einnahme von Medikamenten oder Zusatzstoffen, zeichnen unsere tägliche Bewegung und Trainings-Aktivitäten auf und sollen uns dazu motivieren, selbstgesetzte Fitnessziele zu erreichen.

Die möglichen Nebenwirkungen

Mit dem Smartphone setzt sich eine Entwicklung fort, die mit medizinischen Online-Portalen vor vielen Jahren begonnen hat: Der »informierte Patient« hat die Beziehung zwischen Ärztin/Arzt und Patientin/Patient in gehörige Unordnung gebracht. Selbstdiagnose und Selbstmedikation sind – auch aus vielen guten Gründen – ein Horror für das medizinische System. Das zeigt sich bereits in der Frage, wem im Rahmen von Behandlungen in Labors, Arztpraxen oder Spitälern eigentlich unsere Gesundheitsdaten gehören. Kleines Beispiel: Bei einem Besuch und der Behandlung in einer Berliner Unfallambulanz nach einem Sturz wurde einer österreichischen Patientin die Bitte um eine Datei der Röntgenaufnahmen für die weitere Behandlung in Wien verwehrt – »aus Datenschutzgründen«. Freundlicherweise durfte die Frau eine Fotokopie des Röntgens mitnehmen, die sich in Wien als wenig brauchbar herausstellte, also wurde ein weiteres Röntgen veranlasst.

Die Information, die uns als »mündige Patienten« heute zur Verfügung steht, ist hilfreich – und sie ist zugleich überfordernd, für beide Seiten. Es wird geraume Zeit dauern, bis wir dies in einen neuen Ordnungsrahmen bringen, aber dies ist nicht das Thema dieses Buchs. Worum es hier geht, ist jedoch zu sensibilisieren, wie wir über unsere höchst persönlichen Daten verfügen, die unser Smartphone über uns sammelt.

Vieles geben wir freiwillig preis, ohne viel darüber nachzudenken. In meinem Facebook-Feed beispielsweise finde ich – vor allem am Wochenende – zahlreiche Posts, in der mich mehr oder weniger gut bekannte Freunde glückstrahlend über ihre Läufe und Radtouren informieren. Individuell sind dies unbedeutende kleine Mitteilungen, an eine große Gruppe von Menschen ausgestrahlt, verlieren wir die Kontrolle darüber, wer uns hier folgt. Aggregiert (über viele Nutzer zusammengefasst) ergibt dies Daten, die für Unternehmen Quellen sind, um uns Werbung für Produkte zu senden – oder vielleicht einer missmutigen Mitarbeiterin in der Personalabteilung zu denken geben, wenn manche Kollegen laufen, während sie doch im Krankenstand sind.

Anfang 2019 deckte das »Wall Street Journal« bei einem Dutzend Gesundheits-Apps auf, dass sie Daten der Benutzer an Facebook sandten, wenn diese sich in die App einloggten. Damit konnten die Entwickler verfolgen, wie viele Menschen wie oft ihre App benutzten. Mit jedem Login wurde eine Werbe-ID der betreffenden Person mitgeschickt. Damit kann Werbung gezielt in den Facebook-Feeds dieser Benutzer platziert werden – zwei der so identifizierten Apps waren die Zyklus-Apps Flo und Ovulation Tracker.

Wie wertvoll Gesundheitsdaten sind, zeigte Ende 2019 der Kauf von Fitbit, einer Art Smartwatch für Fitness-Anwendungen, durch Google. Dabei geht es Google wohl nicht nur um die Hardware, die eine Erweiterung seiner wachsenden Hardware-Familie von Smartphones bis zu smarten Lautsprechern ist. Mindestens ebenso wertvoll sind die Daten von Fitbit-Nutzern, die zu Googles Geschäft mit Gesundheitsdaten passen. Ob durch die Übernahme die gesammelten Fitnessdaten mit den Gesundheitsdaten bei Google abgeglichen werden, ist derzeit unbekannt. Jedenfalls lohnt es sich, als Benutzer von Fitbit zu kontrollieren, welche Daten gesammelt werden, was wir davon teilen oder privat halten wollen. Der Zugang anderer Apps zu diesen Daten kann beschränkt werden, und natürlich gibt es die radikale Lösung: Das Konto mit seinen Daten zu löschen.

Einen positiven, restriktiven Zugang zu persönlichen Daten verfolgt Apple und lässt keine Gelegenheit außer Acht, dies zu betonen. Daten der Health App von Apples iPhone (die auch ein Zyklusprotokoll enthält) werden nur am iPhone gespeichert, und bei Sicherung in Apples Cloudservice verschlüsselt hochgeladen. Anders als Google, Facebook oder zahlreiche App-Anbieter kommerzialisiert Apple die Daten in seiner Cloud nicht und sagt, dass das Unternehmen diese Daten nicht entschlüsseln kann. Auseinandersetzungen mit dem FBI über die Entsperrung eines geschützten iPhones, bei der die Polizeibehörde keinen Zugang erhielt, belegen die Glaubwürdigkeit dieser Aussagen (der Vorfall ist im Kapitel »Ibiza ist überall« ausführlich beschrieben).

Letztlich werden wir die gesellschaftliche wie persönliche Frage beantworten müssen, was Privatsphäre im Bereich unserer Gesundheit bedeutet. Erkrankungen können immer noch zu Benachteiligung und Diskriminierung führen – man denke nur an HIV-Erkrankungen. Menschen verschleiern die Symptome, weil sie um ihren Arbeitsplatz oder um Freundschaften fürchten. Dabei könnten sie mit ihrer Erkrankung besser umgehen, wenn sie nicht versteckt wird. Beziehungen mit Freunden und Verwandten leiden aus dem Wissen um bestimmte Krankheiten, nicht durch die Erkrankung selbst. Und es gibt die Furcht, von Versicherungen ausgeschlossen oder gekündigt zu werden, wenn diese von möglichen Risiken erfahren.

Gegen manche dieser Risiken lassen sich rechtliche Vorkehrungen treffen, etwa indem der Ausschluss aus Versicherungen oder eine Kündigung nicht möglich sind. Anderes ist eine Frage unserer sozialen Regeln, die uns einen offeneren

Umgang mit Gesundheitsinformation ermöglichen sollte. Denn in vielerlei Hinsicht können wir großen persönlichen Nutzen für unsere Lebensqualität ziehen, wenn wir unsere Smartphones als private Gesundheitsassistenten für uns arbeiten lassen, wie die Beispiele in diesem Kapitel zeigen.

Digital Detox

Nach einem Jahrzehnt wachsender Begeisterung macht sich in den letzten Jahren Unbehagen in unserer Smartphone-Beziehung breit. Geschichten über ausspionierte Handys, Smombies (Smartphone-Zombies) und Autofahrer, die beim Texten Unfälle verursachen, Halsstarre, viele Stunden täglicher »Screen-Time«: Selbst Hersteller und Mobilfunker machen Werbung für »Digital Detox«, digitale Entgiftungskuren.

Die Reflexion ist sinnvoll: Über Nacht hat sich eine neue Technologie breitgemacht, und es wird Zeit, dass wir uns über Wirkungen und mögliche Nebenwirkungen Gedanken machen, eine digitale Etikette entwickeln (z.B. kein Smartphone am Esstisch), persönliche Gewohnheiten überprüfen.

Das hat mehr mit einer dauerhaften Verhaltensänderung zu tun als mit gelegentlichen Detox-Diäten, so wie manche auf Alkohol von Aschermittwoch bis Ostersonntag verzichten. Screen-Time (Zeit, die wir im Blick auf das Display verbringen) ist ein mäßig brauchbarer Hinweis: Es macht einen Unterschied, ob wir morgens in der U-Bahn Zeitung online lesen oder mit gesenktem Blick eine verkehrsreiche Straße überqueren – in Screen-Time ist beides dasselbe.

Einer der stärksten Faktoren, die Abhängigkeit begünstigen, sind laufende Verständigungen über neue Nachrichten in unseren Apps. Sie führen zu Aufmerksamkeitsstörungen und dem nervösen Griff zum Handy, um ja nichts zu verpassen. Diese dauerhaft abschalten kann Wunder bewirken – eine der wirkungsvollsten Maßnahmen zur digitalen Entgiftung.

Die fünfte Generation

Neuntes Kapitel, in dem wir erfahren, warum ein solcher Hype um »5G« im Mobilfunk gemacht wird, chinesische Hersteller plötzlich pfui sind, und welches Wunderwerk für die nächste Mobilfunkgeneration versprochen wird.

Die magische Fünf

Für Philosophen und Mystiker wohnt der Primzahl 5 ein besonderer Zauber inne. In Europa zeugt davon noch der Begriff der Quintessenz. Für den griechischen Philosophen Aristoteles war dieses »fünfte Seiende« das fünfte Element, der himmlische Äther, mit völlig anderen Eigenschaften als Feuer, Wasser, Erde und Luft ausgestattet. Für die Alchemisten war die Quintessenz die »fünfmal ausgezogene Kraft eines Stoffes, dem ätherische Natur innewohnte«.

Nirgendwo ist die Bedeutung der 5 bis heute so stark wie in China. Farben, Sinne, Tugenden, Elemente: Sie alle werden in der chinesischen Philosophie und Medizin in fünf Arten geteilt. Der menschliche Körper ist das Zusammenwirken von fünf Organen, die in einem besonderen Bezug zu den fünf Elementen (Feuer, Wasser, Erde, Holz und Metall – aber kein Äther) und den Jahreszeiten stehen, deren man gleichfalls fünf zählt wie die Finger an einer Hand. Dementsprechend beruht die Therapie der chinesischen Medizin auf fünf Säulen.

Diese überragende Bedeutung der 5 mag erklären, warum China der fünften Generation des Mobilfunks – 5G – in seiner Entwicklung zur Weltmacht überragende Bedeutung zumisst. In seinem 13. Fünfjahresplan (noch eine mystische 5) beschreibt die kommunistische Regierung 5G als Weg zu einer neuen Ära des Wachstums. Der 2015 beschlossene Plan »Made in China 2025« mit seinen »fünf landesweiten Initiativen« liest sich wie ein Strategiepapier zur Erringung der technologischen Weltherrschaft. 5G ist für China das digitale Äquivalent der analogen neuen Seidenstraße, deren Infrastruktur von Chinas Ingenieuren gebaut wird. Unausgesprochen verbindet sich mit dem wirtschaftlichen Ziel ein politisches wie militärisches: Kontrolle aller digitalen wie analogen Wege rund um den Globus.

Tatsächlich waren bis vor Kurzem die Aussichten Chinas zur Beherrschung des Weltmarkts für die 5G-Infrastruktur hervorragend. Im zweiten Jahrzehnt des 21. Jahrhunderts wandelte sich China von der verlängerten Werkbank westlicher und japanischer Produkte zum Vorreiter der neuen Mobilfunktechnik. Ein neuer Stern am mobilen Firmament, Huawei, verdrängte die bisherigen Platzhirschen Ericsson und Nokia von der Spitze. Die Gründung des IT-Ingenieurs und früheren (zivilen) Angehörigen einer IT-Spezialeinheit der chinesischen Volksbefreiungsarmee, Ren Zhengfei, ist seit Jahren die eindeutige Nummer eins bei der Ausrüstung mobiler Netzwerke. Mit seinen Smartphones hat sich Huawei 2019 auf den zweiten Platz hinter Samsung und vor Apple vorgearbeitet.

Dank erstklassiger Technologie und niedriger Kosten für seine Netzwerke schien der Aufstieg unaufhaltbar. Bis die USA eine weitere Bedeutung der magischen 5 ins Spiel brachten: die fünfte Kolonne. Mit Huaweis Technologie könne Chinas kommunistische Regierung den Westen ausspionieren und bei Konflikten lahmlegen. Huawei und anderen chinesischen Herstellern, wie dem Netzwerkausrüster ZTE, sei nicht zu trauen, da jedes chinesische Unternehmen per Gesetz mit der Regierung zusammenarbeiten müsse.

Die US-Vorwürfe gegen Huawei wegen angeblicher Spionagetätigkeiten schwelten schon seit vielen Jahren. Im polternden populistischen US-Präsidenten Donald Trump fand sich schließlich das Megafon, mit dem die USA ihre Vorbehalte hinausposaunten und Huawei vom 5G-Ausbau in den USA ausschlossen. Als persönliches Faustpfand wird seit Dezember 2018 die Tochter des Huawei-Gründers und Finanzchefin des Konzerns, Meng Wanzhou, in Kanada festgehalten. Wegen eines Verstoßes gegen die Iran-Sanktionen soll sie an die USA ausgeliefert werden. Im Mai 2019 setzten die USA Huawei auf die Schwarze Liste ihrer Exportbeschränkungen, womit Huawei künftig wichtiger Chiptechnologie, des Android-Betriebssystems und aller Apps von Google bis WhatsApp und Facebook, beraubt ist. Außerhalb Chinas sind diese Einschränkungen ein potenzieller Killer für die hochwertigen Geräte mit Leica-Fotografie.

Die Evolution

Mobilfunk ist ein Generationenspiel. Etwa alle zehn Jahre kommt eine neue »Generation« daher. So nennt die Industrie größere Entwicklungssprünge, die jeweils neue Tricks ermöglichen. Dabei geht es nicht einfach um einen neuen Anstrich oder geändertes Design, wie das bei Automodellen der Fall ist. Tatsächlich ermöglichen die neuen Generationen substanziell neue Anwendungen, die den Alltag wesentlich beeinflusst haben, vom allgegenwärtigen Handy bis zu Social Media und Streaming am Smartphone.

Kurz und vereinfacht erzählt, verläuft die Geschichte dieser Generationen so. Ende der 1950er-Jahre wurde Mobilfunk erfunden. Sprache wurde in analoger Form über Radiowellen statt Kupferleitungen befördert. Die erste Generation des Mobilfunks in den 1970er und 1980er-Jahren war eine elitäre Angelegenheit. Die teure Technik war (ge)wichtigen Politikern und Konzernbossen mit Autotelefonen vorbehalten. 1973 baute der Motorola-Entwickler Martin Cooper das erste tragbare »Cellular phone«, ein kiloschwerer Ziegel mit Akku für gerade mal 20 Minuten Gespräche. Cooper machte Furore, als er bei einer Pressevorführung vor dem Hauptquartier von Motorola seinen Konkurrenten anrief, den Chef der Bell Labs von AT&T: Er habe das Rennen um das erste tragbare Telefon gewonnen. Es dauerte ein weiteres Jahrzehnt, bis das Motorola DynaTAC 8000X tatsächlich auf den Markt kam. 1987 wurde es schließlich in der Hand von Michael Douglas als Gordon Gekko im Film »Wall Street« zur Ikone des rasenden Kapitalismus.

Unter dem Kürzel GSM eroberte die zweite Generation in den 1990er-Jahren dank handlicher, kleiner Geräte und erschwinglicher Preise die Massen. Im deutschen Sprachraum »Handy« getauft – möglicherweise von den »Handie Talkies« der US-Soldaten im Zweiten Weltkrieg oder aus »handheld phones« verballhornt – erlebten wir die rasante Demokratisierung des einstigen Statussymbols: Ein Handy in jeder Hand und jeder Tasche. Keine andere Technologie davor erreichte so rasch die 100-prozentige »Penetration« des Markts. Vom Supermarkt bis zur Konzerthalle wurde unser Alltag mit dem Klang der Handy-Klingeltöne durchdrungen.

Technisch brachte die zweite Generation die Digitalisierung des Mobilfunks und den langsamen Anfang von Datenübertragung. Zuerst durch SMS, dann durch mobile Internetverbindungen, die mit Telefonmodems Schritt halten konnten. Für die massenhafte Verbreitung war die Erfindung des bis heute prägenden Geschäftsmodells genauso wichtig wie die Technik: Das Null-Euro-Handy führte zum Siegeszug mobiler Kommunikation. Dabei wurde es natürlich nicht verschenkt, lediglich seine Anschaffungskosten wurden auf monatliche Gebühren umgelegt, was jedoch die Einstiegsbarriere beseitigte.

Es folgte 3G, die anfangs als UMTS vermarktete dritte Generation des Mobilfunks, der sich damit zu einem Datennetz wandelte. Dank Milliarden Euro teurer Lizenzgebühren, mit

denen europäische Regierungen am Hype mitnaschen wollten, verlor Europa seine mit GSM erworbene Vorreiterrolle,
die von Japan dankbar übernommen wurde. Aber 3G grun-
delte vorerst dahin. Die Handys von Nokia wurden zwar nach
und nach zu »Multi-Media-Computern«, wie Nokias Chef der
Handysparte, Ansi Vanjoki, nicht müde wurde zu prokla-
mieren. Sie konnten fotografieren, Mails abrufen, im Web
surfen oder für Musik sorgen. Ein Hit wurde Internet am
Handy nicht: Die Geräte waren schlecht zu bedienen, statt
einer Maus musste ein kleines Knüppelchen mit viel Finger-
spitzengefühl manövriert werden, das »Mäuseklavier« – die
Tastatur – nahm Platz für den Bildschirm weg, die Webseiten
waren nicht für die Mini-Displays gemacht. Obendrein wurden den Kunden schon für kleinste Datenmengen überteuer-
te Apothekerpreise verrechnet, die oft zu Horrorrechnungen
führten: Schließlich mussten die Milliardenschulden aus
den Frequenzversteigerungen beglichen werden.

Der iPhone-Moment

Bis Steve Jobs bei Apples traditioneller Hausmesse Macworld
in San Francisco Anfang 2007 das erste iPhone aus der
Tasche zog. Begeisterung bei Apples »Fanboys« und ätzender
Spott der etablierten Hersteller hielten sich die Waage. Das
lächerliche Wischen über einen Touchscreen würde unan-
sehnliche Fetttapser hervorbringen, »richtige« Tasten wären

den Bildschirmtasten haushoch überlegen. Und überhaupt: Das iPhone hatte (in seiner allerersten Version) nicht einmal 3G – seine Datenübertragung beruhte noch auf der langsamen Datentechnik von GSM und WLAN.

Aber Jobs und Apple schafften, was ihr Markenzeichen war: Aus der unterschätzten Position des Außenseiters definierten sie, wie Handys von da weg zu sein hatten. Wie oft war Apple nicht der Erste bei der Einführung einer neuen Technologie, aber der Erste, der aus Technik ein leicht zu benutzendes und geliebtes Gadget mit Mehrwert formte. Apple sorgte dafür, dass die Mobilfunkbetreiber ihre Datenpreise an diese neue Entwicklung anpassten: Mit Gigabytepauschalen zu vernünftigen Preisen statt sauteurer Megabyte-Gebühren.

Bis zur Erfindung des iPhones hatten 3G-Datennetze kaum nennenswerten Datenverkehr verzeichnet. Jetzt hoben sie endlich ab, da nicht nur das iPhone weite Verbreitung fand, sondern mit Googles Android Betriebssystem und der industriellen Power von Samsung die Konkurrenz in die Gänge kam. Dabei war die »Lebenszeit« von 3G fast schon wieder abgelaufen: Der rapide steigende Datenverkehr wirkte wie ein Schuhlöffel, um die hohen Investitionen für die vierte Generation des Mobilfunks zu rechtfertigen, die ab 2010 gebaut wurde.

In den USA war der anfängliche Enthusiasmus für »cell phones« in den 1990er-Jahren bei einem Niveau von rund 40 Prozent Verbreitung stecken geblieben. Erst die terroristischen Anschläge von 9/11 führten erneut zu sprunghafter Nachfrage. Dramatische Berichte von letzten Anrufen aus den brennenden Türmen des World Trade Centers, die Suche nach vermissten Angehörigen im Chaos, die Organisation von Hilfe in der Katastrophe: All das hatte die lebensrettende Nützlichkeit von Handys schlagartig bewusst gemacht. Mit dem iPhone stand wieder eine uramerikanische Firma im Zentrum der Entwicklung zum Smartphone. Und der Datenturbo 4G, die vierte Generation mit dem neuen Zauberkürzel LTE – Long Term Evolution – stand vor der Tür: Das war die Stunde, um endlich wieder an vorderster Stelle mitzumischen. Kaum ein anderes Land war so gerüstet, den größten ökonomischen Nutzen aus der Einführung von LTE zu schlagen, wie die USA. Es war, als ob Social Media, Websurfen, Online-Zahlung, Streaming und das ganze Ökosystem des Internets nur auf 4G-Smartphones gewartet hätten. Mobiles Internet begleitete Menschen vom Aufwachen bis zum Einschlafen.

China Rising

Die 2010er-Jahre brachten nicht nur das Primat des mobilen Internets unter Dominanz von US-Konzernen. Es war das Jahrzehnt, in dem China endgültig vom billigen Fertigungsland zur High-Tech-Nation graduierte. Zu einem Teil ist das, wie zuvor bei Japan und Südkorea, dem Knowhow geschuldet, das durch Fertigungsaufträge ins Land kam. Bis heute werden chinesische Unternehmen des Diebstahls geistigen Eigentums beschuldigt, sicher auch teilweise berechtigt. Wir vergessen dabei gerne, dass die Geschichte der europäischen und amerikanischen Industrialisierung im 19. und 20. Jahrhundert nicht nur nach den Regeln von Patentschutz und Urheberrecht ablief.

Auch Huawei wurde gelegentlich beim heimlichen Griff in die Keksdose erwischt. Zwischen 2012 und 2014 versuchten Mitarbeiter des Unternehmens, die Designpläne eines Arms des Testroboters »Tappy« zu stehlen. »Tappy« war ein streng geheim gehaltener Roboter in einem Labor der amerikanischen T-Mobile, der ganze Stolz der Tochter der Deutschen Telekom. Mit größerer Ausdauer als dies Menschen je konnten, testete »Tappy« Geräte auf Herz und Nieren, ehe sie auf den Markt gebracht wurden. Bei Huawei-Geräten entdeckte er damals häufiger Schwachstellen als bei Smartphones der Konkurrenz.

Huaweis eigene Versuche zum Bau eines Testroboters namens »xDeviceRobot« waren nicht sehr erfolgreich. Also versuchte man, die Technologie von T-Mobile zu lizensieren. Ohne Erfolg, jedoch gestattete T-Mobile dem chinesischen Konzern, Geräte in seinem Labor zu testen. Dabei wurden Huawei-Mitarbeiter zweimal ertappt, wie sie, entgegen aller Geheimhaltungsabkommen, »Tappy« aus allen Blickwinkeln fotografierten. Es folgte ein Hausverbot, doch einige Zeit danach wieder die Erlaubnis zu Gerätetests. Dies resultierte in einem noch dreisteren Versuch: Ein Huawei-Mitarbeiter demontierte »Tappys« Arm und nahm ihn mit, um ihn nachts zu vermessen und zu fotografieren. Tags darauf erklärte er blauäugig, den Arm in seiner Tasche gefunden zu haben. Die aufgeflogene Industriespionage war für Huawei mehr als peinlich. Erst im Jahr davor, 2012, hatte der Geheimdienstausschuss des US-Abgeordnetenhauses einen Bericht veröffentlicht, in dem Huawei als potenzielle Gefahr für die nationale Sicherheit eingestuft wurde und dem Konzern serielle Verletzungen des Urheberrechts vorgeworfen wurden. Das Urteil eines Zivilgerichts, Schadenersatz in Millionenhöhe an T-Mobile zahlen zu müssen, bestätigte die Vorwürfe. Alles nur die Schuld wildgewordener Angestellter, die auf eigene Faust gehandelt hatten? Auch andere Vorfälle muss sich der Konzern vorhalten lassen, unter anderem 2019 die Verhaftung eines Mitarbeiters wegen Spionageverdacht in Polen.

Doch Huawei ist inzwischen durch eigene Forschung und Entwicklung zu einem Powerhouse in globalem Maßstab gereift. Ein Indikator dafür ist die Zahl der angemeldeten Patente. 2017 führte Huawei erstmals das europäische Patentranking vor Siemens an. Weltweit werden inzwischen die meisten Patente in China angemeldet, zehnmal so viele wie in Europa.

Chinesische Konzerne zählen zur innovativen Weltspitze und sind digitale Trendsetter. Das Dreigestirn der chinesischen Internetwirtschaft heißt BAT: Baidu, Alibaba und Tencent – in Analogie zum amerikanischen GAFA für Google, Apple, Facebook und Amazon. Mit rund einer Milliarde Internetnutzern ist China der weltweit größte einheitliche Markt. Chinas Konzerne haben einen wirtschaftlichen Vorteil: Sie sind weitgehend von westlicher Konkurrenz abgeschirmt, während ihnen umgekehrt der Weg in den Westen bisher offensteht.

Bereits 1999 wurde Baidu als Konkurrenz zu Google gegründet und entwickelte rasch die besseren Algorithmen für China als Google. Da sich Google der chinesischen Zensur nicht unterwerfen wollte, überließ es das Feld Baidu, das seit 2005 an der New Yorker Börse notiert. Wie die Google-Mutter Alphabet weitet auch Baidu seine Geschäftsfelder ständig aus, so in den Bereich selbstfahrender Fahrzeuge.

Alibaba, seit 2014 an der New Yorker Börse, scheint seinem Vorbild Amazon wie aus dem Gesicht geschnitten: Handelsplattform, Clouddienst, Logistikunternehmen, Tauschbörse, Finanzdienstleister. Tencent ist der chinesische Marktführer bei Sozialen Medien: Sein Messenger-Dienst WeChat ist seinem westlichen Pendant WhatsApp bereits weit voraus. Für viele Benutzer ist es das Hauptportal auf ihrem Smartphone, um Rechnungen zu bezahlen, Kinokarten zu bestellen, Handwerker zu buchen. Tencent ist heute das wertvollste chinesische Unternehmen, seine Aktien werden in Hongkong gehandelt.

Der Handelskrieg

Mit dem Aufstieg Chinas zur wirtschaftlichen Weltmacht und der Wahl von Xi Jinping zum Generalsekretär der Kommunistischen Partei 2012, 2013 auch zum Staatspräsidenten, wuchsen die Spannungen zwischen China und dem Westen. China wollte und will sich nicht mehr mit der Rolle des »Haus- und Hoflieferanten« der USA und Europas zufriedengeben. Die Initiativen der neuen Seidenstraße und »Made in China 2025«, starke globale Investitionstätigkeit und eine Handelsbilanz mit deutlichem Überhang zugunsten Chinas führten schließlich zu den jetzigen Handelsstreitigkeiten zwischen China und den USA.

Zwar geht es dabei um Waren aller Art, jedoch ist die Hightech-Macht von Huawei ein besonders lohnendes Ziel für die USA. Pikanterweise war es jedoch die US-Spionageagentur NSA (National Security Agency), die seit 2009 versuchte, den chinesischen Konzern ebenso wie Regierungsstellen zu infiltrieren und auszuspionieren. Wasser predigen, Wein trinken: Während die Amerikaner lautstark erklärten, dass der Kauf von Huawei-Produkten ein Sicherheitsrisiko sei, brach die NSA in die Server am Huawei-Standort Shenzen ein und stahl über viele Jahre Kundenlisten und interne Dokumente.

Ein Ziel der Operation »Shotgiant« war es, Verbindungen zwischen Huawei und der chinesischen Volksbefreiungsarmee zu finden. Die Pläne gingen jedoch darüber hinaus. Die NSA wollte Schwachstellen in Huaweis Technologie aufspüren. Damit sollte es die von Huawei gelieferten Telefonnetze überwachen und bei Bedarf auch angreifen können. Mit anderen Worten: Die NSA selbst verfolgte den Masterplan, den Trump nunmehr China vorwirft.

Elektronische Infiltration durch die NSA war es letztlich, die zum Misstrauen der Europäer gegenüber den Umtrieben der USA führten. Schlagzeilen machte 2013, dass selbst das Handy der deutschen Bundeskanzlerin Angela Merkel vor Abhörung durch die NSA nicht sicher war. Aktionen wie diese, verbunden mit erfolgreichen Klagen des österreichischen Datenaktivisten Max Schrems gegen die ausufernde Datensammlung von Facebook, führten dazu, dass die Speicherung von Daten in den USA vom Europäischen Gerichtshof als unsicher eingestuft wurde. Die Reaktion darauf wirkt jedoch als wollte man Teufel mit Beelzebub austreiben: Europäische Datenzentren wie die Open Telekom Cloud, in denen europäische Daten sicher vor dem Zugriff der NSA sein sollen, sind gespickt mit Huawei-Technik.

In diesem Machtspiel werden auch die Verbündeten der USA – zunehmend eine fragliche Freundschaft in der Ära Trump – unter Druck gesetzt, um Huawei vom Ausbau der 5G-Netze auszuschließen. Dazu wird einerseits der Hebel nachrichtendienstlicher Zusammenarbeit verwendet: Wer Huawei in seiner Netzwerkinfrastruktur hat, soll künftig vom Informationsaustausch mit Amerika ausgeschlossen werden. Andererseits holen die USA die Rute wirtschaftlicher Pressionen hervor. So hütete sich die Deutsche Telekom davor, europäische 5G-Aufträge an Huawei zu vergeben, um den Zusammenschluss ihrer US-Tochter T-Mobile mit Sprint nicht zu gefährden.

Welches Sicherheitsrisiko?

Das Verhalten europäischer Politiker in diesem handelspolitischen Konflikt lässt sich schwer anders beschreiben als mit dem Wort Eiertanz. Einen Ausschluss à la USA wollten nicht einmal die Briten verkünden, deren Geheimdienste traditionell sehr eng mit den USA zusammenarbeiten. Ende 2019 war die Hälfte von Huaweis 65 5G-Verträgen mit europäischen Betreibern abgeschlossen, darunter Vodafone und Telefónica. Ohnedies beruht nach Expertenschätzungen mindestens ein Drittel der vorhandenen 4G-Netze auf Ausrüstung der Chinesen. In Festnetzen sind deren Komponenten ebenfalls ein wesentlicher Bestandteil. Das ist, aus Kostengründen, für kleinere US-Kabelbetreiber besonders schmerzlich, denn auch sie sollen Huawei aus ihren Netzen verbannen.

Doch wie groß ist die Gefahr tatsächlich, dass mit einem 5G-Einkauf aus China chinesischen Spionen das Tor zur digitalen Infrastruktur weit offensteht? Mangels einer »Smoking Gun«, eines überzeugenden Beweises, haben die USA zuletzt zu einem Trick gegriffen: Der vor vielen Jahren gestohlene Arm von »Tappy« muss jetzt als zentrales Beweisstück für die staatliche Anklage herhalten.

Die beiden Parteien hatten die »Tappy«-Affäre auf dem Zivilrechtsweg und gegen eine millionenschwere Ablasszahlung bereits 2017 beigelegt. Doch 2019 fuhr das US-Justizministerium schwere Geschütze auf und erhob in zehn Punkten Anklage gegen Huawei: Verschwörung zum Diebstahl von

Geschäftsgeheimnissen, versuchter Diebstahl von Geschäftsgeheimnissen, sieben Fälle von »wire fraud« (Betrug mit Hilfe von Telekommunikationsdiensten) sowie Behinderung der Justiz. Ein Anklagedetail wirft ein wenig vorteilhaftes Licht auf das generelle Verhalten von Huawei: 2013 wurde ein Bonusprogramm für Mitarbeiter eingeführt, die vertrauliche Informationen von Konkurrenten beschafften.

Es liegt in der Natur von Geheimdiensten, Beweise für ihre Erkenntnisse nicht zu veröffentlichen. Jedoch selbst hinter verschlossenen Türen ist es den USA bisher nicht gelungen, andere Staatskanzleien zu überzeugen. Mangels Fakten werden darum Meinungen aufgetischt. So warnte ein früherer Chef des deutschen Nachrichtendienstes BND, Gerhard Schindler, bei einer Anhörung im deutschen Wirtschaftsministerium vor einem ominösen »Kill Switch«: Damit könne die chinesische Regierung dank Huawei bei Differenzen mit der deutschen Bundesregierung das Netz fernabschalten. Auch US-Außenminister Mike Pompeo warf Ende 2019 erneut das Reizwort »Kill Switch« in die Runde, mit dem »Stromnetze und telechirurgische Zentren« gefährdet wären. Technikexperten des Mobilfunkers Vodafone nannten hingegen die »Kill Switch«-Theorie bei derselben Anhörung »kompletten Unsinn«. Swisscom-Chef Urs Schaeppi, ein 5G-Kunde von Huawei, erklärte, dass den Schweizern keine Hinweise auf Spionage vorlägen. Sein desillusionierender Zusatz: Im Übrigen könne man »mit Trojanern in jede Sicherheitsstruktur eindringen«.

Der ganz normale Hack

Wenig tröstlich trifft dieser Hinweis auf angreifbare Schwachstellen den Kern der Sicherheitsdiskussion um die 5G-Beteiligung von Huawei. So gut wie kein System ist vor Schwachstellen in Software-Codes gefeit, die aus vielen Millionen Zeilen bestehen. Einfacher als eine Hintertür einzubauen, die entdeckt werden kann, ist es allemal, eine der übersehenen Schwachstellen zu nutzen, um einzudringen – quasi ein ganz normaler Hack.

Dieser Strategie bedient sich die NSA ebenso fleißig wie ihr chinesisches Gegenstück, Unit 61398 der chinesischen Volksbefreiungsarmee. Auf das Konto dieser chinesischen Staatshacker geht nach Untersuchungen der US-Sicherheitsfirma Mandiant der allergrößte Teil aller Angriffe auf Unternehmen, Organisationen und Regierungsstellen in den USA. Es ist wohl nicht abwegig zu unterstellen, dass europäische Systeme gleichfalls Ziele für die Operationen der Cybertruppe der Volksbefreiungsarmee sind.

Huawei wird in Hinblick auf die ganz normale Sicherheit seiner Systeme von kompetenter Seite kein berauschendes Zeugnis ausgestellt. Zwar habe man keine Hinweise auf Spionage gefunden, heißt es in einem Bericht des britischen National Cyber Security Centre 2019, das zum GCHQ gehört (quasi die britische NSA). Aber Huawei müsse seine »schludrigen« Sicherheitsstandards verbessern: Deren Niveau liegt unter dem seiner Konkurrenten, erklärte der technische Direktor des Centre.

Eine Entflechtung europäischer Netze von Huawei oder gar deren Entfernung ist aus mehreren Gründen wenig wahrscheinlich. Da Huawei bereits tief in diesen Netzen integriert ist, würde es enormen technischen Aufwand und Milliardenkosten verursachen, die chinesische Firma durch europäische Anbieter zu ersetzen. Nokia und Ericsson sind zwar europäische Hersteller, jedoch werden Teile ihrer Produktion in China gefertigt. Letztlich sind es die Wirtschaftssysteme, die miteinander eng verwoben sind – chinesische Lieferanten nur in einem Wirtschaftszweig auszuschließen, erscheint unrealistisch. Vor allem in Deutschland fürchtet man um den Exportmotor Autoindustrie, die ihren größten Markt in China hat.

Ein Teil der Lösung kann in TÜV-artigen Sicherheitschecks bestehen, denen sich alle Lieferanten von Telekom-Netzen unterziehen müssen. Nur mit einer Zertifizierung dürften sie von Netzbetreibern eingesetzt werden. Obwohl von Politikern wiederholt vorgeschlagen, scheuen Regierungen bisher davor zurück: Damit würde Verantwortung zurück an den Staat gehen, wenn es zu Hacks und Schäden kommt.

Huawei selbst hat weitere Angebote ins Spiel gebracht. Seit März 2019 legt das Unternehmen in seinem Brüsseler Cybersicherheitszentrum den Quellcode seiner Systeme zur Inspektion für staatliche Stellen und Kunden offen. Mit den USA wird derzeit sogar über eine Lizenzierung von Huawei-Technologie verhandelt: Das würde bedeuten, dass amerikanische oder europäische Firmen Kontrolle über die Software erhalten und selbst die Produkte herstellen können.

Die legale Hintertür

Paradox mutet im Licht der Aufregung um angebliche Spionage-Hintertüren der Wunsch von Polizeibehörden nach tatsächlichen Hintertüren für polizeiliche Ermittlungen an. Denn eine der technologischen Weiterentwicklungen bei 5G ist eine weitgehende Verschlüsselung und damit der Schutz sämtlicher Kommunikation im 5G-Netz, sowohl für Sprache als auch für Daten.

Das Dilemma aus der Sicht der Sicherheitsbehörden entspricht dem der Verschlüsselung und Sperren für Smartphones. Kriminelle Personen und Organisationen, terroristische Gruppen werden durch immer bessere Kryptografie geschützt, die Ermittler bleiben hingegen ausgesperrt. »Wir schauen in eine Zukunft, die für Datenschützer sehr gut ist, für die Bekämpfung der Kriminalität hingegen nicht«, befürchtet ein Europolbeamter im vertraulichen Gespräch.

Besonderen Kummer macht den Ermittlern die künftige Verschlüsselung der sogenannten »International Mobile Subscriber Identity«. Unter dem Kürzel »IMSI« hat dieses technische Detail eine gewisse Bekanntheit unter Freunden der Kriminal- und Spionageliteratur und Berichterstattung gewonnen: Ein »IMSI-Catcher« ist ein Gerät, das einem Handy oder Smartphone vorgaukelt, eine Mobilfunkzelle zu sein. Damit wird der Sprach- und Datenverkehr über diesen Handyfänger umgeleitet und kann dabei von der Polizei live überwacht werden.

Allerdings steht diese Möglichkeit nicht nur der Polizei offen, sondern jedem, der etwas Kleingeld investiert. Rund 1500 Euro für einen Laptop und eine Antenne, die ähnlich aussieht wie Antennen für digitalen TV-Empfang, dazu die kostenlose Software OpenBTS: Fertig ist das Abhörgerät für den privaten »Ermittler«. Dieses Risiko wird von offiziellen Stellen wie dem deutschen BSI (Bundesamt für Sicherheit in der Informationstechnik) eingeräumt. Auskünfte über die Zahl der von der Polizei verwendeten IMSI-Catcher werden selbst den Parlamenten unter Berufung auf Sicherheitsaspekte verweigert.

Ein erfolgreicher professioneller Hersteller von IMSI-Catchern ist die israelische »Sicherheitsfirma« Picsix. Dessen Geräte zur Interception (Abfangen) von Sprache und Daten arbeiten mit einem besonderen Trick, um verschlüsselte Sprachanrufe über WhatsApp und andere Messenger zu überlisten. Zwar kann Picsix die Verschlüsselung nicht knacken. Aber der verschlüsselte Verkehr kann manipuliert werden. Bei der Pariser Milipol Sicherheitskonferenz für Militär und Polizei erklärte der Picsix-Manager Ithai Kenan, wie mit dem »P6-FI5« normales Verhalten ausgetrickst wird: »Wir blockieren WhatsApp-Anrufe nicht. Aber nach zehn Sekunden kommt es zu einem Verbindungsabbruch. Dann probiert jemand einen neuerlichen Anruf, den wir nach 20 Sekunden unterbrechen. Glauben Sie mir, spätestens nach dem dritten misslungenen Anruf wechselt der Betreffende zur normalen Anruffunktion, und dieses Gespräch können wir abhören.«

Die für 5G vorgesehene IMSI-Verschlüsselung soll das Umleiten und Mithören von Handyfängern verhindern, wenn findige Unternehmen nicht doch wieder Schwachstellen in der Software und damit Einfallstore für die Überwachung finden. Eine starke »end-to-end«-Verschlüsselung der Kommunikation zwischen Sender und Empfänger, wie sie inzwischen die meisten Messenger-Dienste einsetzen, wurde jedoch im 5G-Standard vom Lobbying der Justizminister erfolgreich verhindert. Damit bleibt den Behörden wie jetzt der offizielle Weg der Überwachung durch den Betreiber, der auf gerichtliche Aufforderung hin Auskunft geben muss.

Das Internet von Allem

Warum ist die Kontroverse erst jetzt entbrannt, nachdem sich Huawei schon längst erfolgreich in Mobilfunknetzen in aller Welt etabliert hat? Eines der größten Sicherheitsrisiken, das mit 5G verbunden wird, ist der alles umfassende Einsatz für die Kommunikation von praktisch jedem Menschen und allen Dingen, die Information austauschen. Das ruft zu Recht nach einer wesentlich höheren Wachsamkeit für den Schutz dieser Infrastruktur vor Hackern aller Art.

Einerseits wird mit 5G die jetzige Mobilfunktechnologie weiterentwickelt. Radiowellen werden effizienter genutzt und es steht für Mobilfunk wesentlich mehr Spektrum als bisher zur Verfügung. Vergleichbar einer mehrspurigen

Straße kann dadurch mehr Datenverkehr abgewickelt werden. Die Verkehrsteilnehmer – Daten aller Art — können mit drastisch höherer Geschwindigkeit unterwegs sein. Der Download eines mehrstündigen Films etwa wird gerade ein paar Sekunden dauern.

Zusätzlich wird 5G reaktionsschneller als 4G durch die Verkürzung der »Latenzzeit«, der Bruchteil einer Sekunde, den es braucht, bis aufgrund eines Klicks ein Film zu spielen beginnt oder ein Roboter aufgrund eines Sensoralarms reagiert. 5G wird damit zur universellen Verbindungsstruktur für alle Arten von Geräten und Maschinen, die heute teils mit Leitungen, teils mit WLAN oder eigenen Funkstandards verbunden sind. Es wird zum »Internet der Dinge« (IoT, Internet of Things) und eröffnet damit Hackern ein Füllhorn neuer Verlockungen.

Zahllose internet-verbundene Geräte bieten ein breites Angriffsziel, sagt Panasonic, ein großer japanischer Hersteller von Elektronik. In zwei Jahren seiner Sicherheitsforschung wurden 30 Millionen Angriffe registriert, über 4000 Arten von »Malware« (Schadsoftware) entdeckt. Mit Hilfe von »White Hat Hackern« (den Guten unter den Hackern) habe man bei 1000 Geräten über 10.000 Schwachstellen gefunden und beseitigt. Das finnische Sicherheitszentrum von Nokia bestätigt diesen Wechsel der Hackerszene von klassischer IT Richtung Internet der Dinge: Schon 70 Prozent aller Cyberattacken richten sich gegen Geräte und Maschinen.

Diese zentrale Rolle von 5G für alle Arten von Kommunikation ist der Hintergrund für die Kontroverse um Huawei. Es ist sinnvoll, bei der Errichtung dieser Infrastruktur nicht völlig von einem einzelnen Hersteller abhängig zu sein, sondern Risiken zu verteilen.

Zukunft, bitte warten

Der Lohn für diese aufwändige Entwicklung der nächsten Mobilfunkgeneration sind neue Möglichkeiten, die 5G verspricht. Ein großes Feld für künftige 5G-Anwendungen ist unter anderem die Steuerung autonom fliegender Drohnen, die sowohl für den Transport von Paketen als auch von Menschen entwickelt werden. Diese brauchen die Kapazität und kurze Latenzzeit des 5G-Netzes zur verlässlichen, präzisen Steuerung.

So futuristisch dies klingen mag, Drohnen sind bereits im Einsatz, unter anderem für den Transport von Medikamenten auf entlegene Inseln. In Oberösterreich wird FACC, ein weltweit tätiger Zulieferer für die Luftfahrtindustrie, 2020 bereits 300 zweisitzige Flugtaxis fertigen, die in China fliegen werden. 1000 Drohnen sind für die nächsten drei Jahre bestellt. Eine Teststrecke soll bei Linz in Österreich eingerichtet werden – vorausgesetzt, Behörde und Gesetzgeber schaffen es, für die rechtlichen Voraussetzungen zu sorgen.

Manche durch 5G ermöglichten Entwicklungen bei Fahrzeugen sind weniger weit weg als autonom fahrende Autos. Der Hersteller Pirelli arbeitet seit geraumer Zeit daran, seine Reifen mit Sensoren auszustatten, die Temperatur, Luftdruck und Straßenzustand überwachen. Damit kann, je nach Beladung, der richtige Luftdruck empfohlen oder bei Glatteis oder Nässe das Tempo über die Motorsteuerung gedrosselt werden. Mit 5G können diese Daten für nachkommende Fahrzeuge nützlich werden: So wie Navis Stau erfassen und andere Routen vorschlagen, können künftig vernetzte Fahrzeuge auf schlechte Straßenverhältnisse rechtzeitig reagieren. Dasselbe gilt für Sensoren im Fahrzeug, die bei schweren Unfällen Alarm auslösen – und künftig diese Information nachfolgenden Fahrzeugen weitergeben können.

Die 5G-Fantasie von Entwicklern und Startups in Verbindung mit immer kleineren Sensoren und Messinstrumenten kennt kaum Grenzen. Sensorbestückte Kleidung, die beim Sport oder bei Erkrankungen Überwachung der Körperfunktionen ermöglichen. Telechirurgie, um in Notfällen oder in wenig besiedelten Landstrichen Spezialisten für Operationen aus der Ferne beizuziehen. Augmented Reality in »normalen« Augengläsern, die als Fremdenführer auf Reisen dienen kann.

Wie beim iPhone, das erst sieben Jahre nach Beginn der 3G-Ära auf den Markt kam, ahnen wir wahrscheinlich die eigentlichen Hits der 5G-Zeit heute noch nicht. Denn vorerst wird die neue Technologie trotz aller Marketing-Hypes eher unauffällig in unserem Alltag landen. Mit etwas schnellerem

Internet für Zuhause und am Handy, wo die Netze in den nächsten Jahren aufgebaut werden. Für die tatsächliche schöne neue 5G-Zukunft heißt es einstweilen noch »Bitte warten, derzeit sind alle Leitungen besetzt.«

Die fünfte Gesundheitsdebatte

Jede neue Mobilfunkgeneration ruft eine neue, alte Diskussion über gesundheitliche Auswirkungen hervor. Dabei ändern die jeweils neuen Standards nichts an der Technologie dahinter: Mobilfunk verwendet Radiowellen, die uns in der Kommunikation seit weit mehr als einem Jahrhundert begleiten und auch die Basis von Radio und Fernsehen sind.

Radiowellen sind wie Licht elektromagnetische Wellen, jedoch unsichtbar und — im Falle von Mobilfunk — mit geringerer Energie ausgestattet. Sie kommen natürlich vor und sind vielfach untersucht worden. Der einzige Effekt von Radiowellen auf Zellen ist Wärme, abhängig von der Energiestärke, für die es strenge Grenzwerte gibt. Die WHO stuft Mobilfunk in der Kategorie 2B mit einer Unzahl anderer Substanzen als »möglicherweise krebserregend« ein. Das bedeutet, dass die Gefährlichkeit bisher nicht definitiv ausgeschlossen werden kann, ebenso wenig wie schädliche Wirkungen bisher nachgewiesen wurden. In dieser Kategorie befinden sich auch Substanzen wie Aloe Vera oder eingelegtes Gemüse.

5G verwendet dieselben Frequenzbereiche wie bisherige Mobilfunktechniken. Darum wird es von Behörden wie dem deutschen Bundesamt für Strahlenschutz gleich eingeschätzt. Ein Teil der Diskussion rührt aus der beabsichtigten Verwendung höherer Frequenzbereiche her, was eine größere Anzahl von 5G-Antennen notwendig macht, weil höhere Frequenzbereiche wesentlich weniger weit reichen als derzeit verwendete – damit aber auch zu einer geringeren Belastung führen.

Zurück in die Zukunft

Letztes Kapitel, in dem wir erfahren, wie Handys noch viel dazu beitragen können, unser Leben besser zu gestalten, und wie wir den Überwachungsaktivitäten von Unternehmen und Obrigkeiten Einhalt gebieten können.

Zu Tode gefürchtet

Haben Sie Ihr Smartphone nach den Schrecklichkeiten der vorangegangenen Kapitel bereits ausgeschaltet oder gegen ein simples Handy früherer Generationen ohne Apps und Datendienste eingetauscht? Ihr Festnetz wieder angemeldet und sich geschworen, den geliebten Spion für immer aus Ihrer Tasche zu verbannen? Das ist nicht die Absicht dieses Buches gewesen. In der kurzen Zeitspanne eines Jahrzehnts haben wir die Annehmlichkeiten und den echten Nutzen dieser Technologie kennen und schätzen gelernt. Wir können erwarten, dass uns weitere spannende Entwicklungen bevorstehen. Zum guten Schluss wollen wir darum einen Blick auf die vielen positiven Seiten unserer Handys werfen, auf die wir nicht verzichten sollten.

Die Weitergabe intimer persönlicher Daten sind kein Fehler, sie sind ein Feature: Das kann lebenserhaltend sein, wie das Kapitel über Gesundheitsfunktionen gezeigt hat. Oder es kann Menschen zu ihrem Schaden ausspionieren, wofür uns eindringliche Beispiele begegnet sind. Der Nutzen von Smartphones für Menschen auf der Flucht ist ein einprägsames Beispiel dieser »Dual Use«-Szenario -Technik, die sowohl für wie gegen uns verwendet werden kann.

Auf der Flucht waren Handys das wichtigste Instrument für die Menschen, die der Gefahr entkommen wollten. Es wies den Weg, hielt Familien und Freunde zusammen, die in alle Winde und Aufnahmeländer zerstreut wurden. Fotos und Videos dokumentierten monatelange Strapazen, Apps übersetzten fremde Sprachen und gaben Auskunft über Leben und Bürokratie der neuen Heimat. Jetzt, im scheinbar sicheren Hafen, kann der Inhalt von Smartphones darüber entscheiden, ob diesen Menschen Schutz geboten wird oder eine Behörde ihren Geschichten keine Beachtung schenkt und sie in Länder abschiebt, in denen Folter oder Tod drohen.

Man muss nicht in der prekären Lage von Asylsuchenden sein, um zu erleben, wie Handys gegen ihre Besitzer gerichtet werden. Nicht nur in »illiberalen Demokratien« (©Viktor Orbán) der EU sind Journalisten, Oppositionspolitiker oder Bürger von Überwachung bedroht: Ende 2019 wurde in Österreich die – letztlich nicht umgesetzte – Absicht von Ermittlern bekannt, die Smartphones einer Parlamentarierin und einer Journalistin auszuwerten, um »Leaks« auf die Spur zu kommen. Für die Opfer von Stalking, Missbrauch oder häuslicher Gewalt können die digitalen Spuren ihrer Handys eine Bedrohung für Leib und Leben sein. Mitarbeiter misstrauischer Firmen und Chefs können ihren Job verlieren.

Für die meisten Benutzer werden hingegen unmittelbare Nachteile vor allem in vermehrter Werbung bestehen. Das ist das Faustische Tauschgeschäft mit Gratis-Diensten: Ohne zu zahlen, bekommen wir Leistungen, die wir nicht mehr missen wollen – und geben dafür Gewohnheiten und Interessen preis. Die Kontrolle über diese Informationen wird gehandelt und an den Meistbietenden verkauft. Das weit verbreitete Denken, »ich habe nichts zu verbergen«, muss dringend überdacht werden. Denn durch die enorme Datensammlung über jeden von uns verschiebt sich die Selbstbestimmung des Einzelnen über seine Daten laufend zugunsten der Macht großer Konzerne und staatlicher Institutionen.

Darum müssen wir aktiv dafür sorgen, dass uns der Nutzen unserer Smartphones nicht durch Datensammelwut und Überwachungstätigkeit von Konzernen und Staaten geraubt wird. Dafür gibt es kein simples Rezept. Maßnahmen sind auf mehreren Ebenen nötig: durch umsichtigen Umgang mit der Technologie; durch Druck der Konsumenten, das Geschäftsmodell zu ändern; durch zivilgesellschaftliche Kontrolle durch Medien und NGOs – und durch gesetzliche Regulierung, die uns vor Missbrauch schützt.

Smartphones for Future

Auf dem Heimweg von der Klimakonferenz in Madrid nach Schweden im Dezember 2019 löste Greta Thunberg einen

Tweet-Sturm aus. Die Gallionsfigur jugendlichen Protests in Sachen Klimawandel postete ein Bild von sich auf dem Boden eines Zugs sitzend, umgeben von Gepäckstücken. Dazu der Kommentar »Auf der Reise durch Deutschland in überfüllten Zügen. Und endlich bin ich auf dem Weg nach Hause!"

Die harmlose Bemerkung führte zu endlosen Kommentaren über Missstände bei der Deutschen Bahn und einem Schlagabtausch zwischen Greta und der DB, wie sehr das Zugpersonal doch um einen Platz bemüht war. Eine mitreisende Journalistin bestätigte schließlich Gretas Version, viele Stunden am Boden verbracht zu haben, ehe doch noch ein Sitz frei wurde. »Überraschenderweise scheinen Medien stärker an der Reise eines Teenagers interessiert zu sein als an der Tatsache, dass die #COP25 (die Madrider Klimakonferenz) versagt hat«, kommentierte Greta Thunberg sarkastisch.

Das medial ausgebreitete Geplänkel auf Twitter und Instagram um die »Reise eines Teenagers« lenkt in der Tat vom größeren Bild ab. Nicht nur vom Versagen von Regierungen, wirkungsvolle Maßnahmen gegen den Klimawandel zu ergreifen. Sondern auch davon, dass der wachsende Widerstand durch die Fridays-for-Future-Demonstrationen in diesem Ausmaß nur durch Social Media und Smartphones möglich wurde.

Heute folgen fast vier Millionen Menschen den Tweets von @gretathunberg auf Twitter. Neun Millionen Menschen folgen ihren Fotos und Meldungen auf Instagram, für viele Jugendliche die erste Wahl als Social-Media-Kanal. Viele

Posts erhalten zustimmende »Likes« im sechsstelligen Bereich, sogar weit über einer Million auf Instagram und über 200.000 für den ersten Bahn-Tweet, über eine halbe Million bei Kurznachrichten rund um Thunbergs Rede vor der UNO-Vollversammlung. Von Düsseldorf bis Mumbai, von Deutschland und Österreich bis Indien und Pakistan hat sich der »Kinderkreuzzug« (die »Frankfurter Allgemeinen Zeitung« über die Friday-for-Futures-Bewegung) über lokale und regionale Twitter-Gruppen in 150 Ländern der Welt organisiert. Die Posts von Greta Thunberg verbreiten sich so nach dem Schneeballprinzip, viele erreichen Millionen von Menschen. Undenkbar vor der Ära von Social Media am Smartphone.

Die gute Seite von Social Media

Die wichtige Auseinandersetzung über Falschnachrichten, Hasspostings und Filterblasen dominiert die Debatte um die Entwicklung von Social Media. Ein ganzes Biotop an Experten sieht in Twitter und Facebook inzwischen nicht weniger als einen »Demokratiekiller« und den Untergang des Abendlandes. Die Twitter- und Facebook-Diarrhöe von großen und kleinen Demagogen wie Donald Trump oder Heinz-Christian Strache scheinen Warnungen vor dem »demokratiegefährdenden« Potenzial von Social Media eindringlich zu bestätigen. Erstaunlich, wie rasch selbst in liberalen Gesellschaften der Ruf nach Zensur zur Stelle sein kann.

Fridays for Future zeigt hingegen die andere, positive Seite von Smartphones und Social Media. Wie immer man zur Person und den »Schulstreiks« der Protestbewegung steht, sie haben das wichtigste Thema unserer Zeit an die Spitze der gesellschaftlichen Agenda gesetzt. Demonstrationen oder Thunbergs Rede vor den Vereinten Nationen garantieren zwar starke mediale Aufmerksamkeit auch ohne Twitter. Am Leben gehalten wird jede Bewegung jedoch nur durch inspirierende Figuren und lebendige Kommunikation, und dafür bildet Social Media das Rückgrat. Die Stärke von Instagram, Twitter und Facebook, im Vergleich zu früheren Medien, besteht in der Möglichkeit jedes einzelnen, sich zu äußern. Mit dem Smartphone in der Tasche sind wir alle Medienproduzenten und Inhaber von Druckerpressen und TV-Stationen geworden.

Die an Social Media kritisierten Filterblasen und Echokammern hießen früher Stammtisch und bestanden in der Lektüre des Boulevards. Social Media sind nicht die Ursache von zerstörerischem Populismus, sie sind ein Spiegel und ein Megafon – und sie sind das Mittel, dagegen zu halten, dass Demagogen und Hetzer das gesellschaftliche Klima zerstören. Faktencheck durch User und seriöse Medien, Aktionen gegen destruktive Bots (die automatisierten Programme, mit denen Kampagnen geführt werden), beginnende Selbstkontrolle durch Facebook und Twitter sind erste Ansätze dafür. Soziale Medien werden so wenig ein Paradies des platonischen »Wahren, Schönen und Guten« werden wie die Gesellschaft, die sie hervorbringt. Aber durch aktives Engagement statt passivem Konsum können wir sicherstellen, dass die Onlinewelt nicht zu einer Schmuddelecke von Polemik und Fake News verkommt.

Welchen enormen gesellschaftlichen Einfluss Social Media entfalten können, zeigte sich bei den Wahlen zum Europäischen Parlament im Frühjahr 2019. Wie ein Blitz aus heiterem Himmel dominierte plötzlich das einstündige You-Tube-Video »Die Zerstörung der CDU« des – bis dahin nicht politisch agierenden – YouTubers Rezo den deutschen Wahlkampf. Mit 16 Millionen Aufrufen war es das meistgesehene Video des Jahres und brachte die regierende CDU in Hinblick auf ihre Umweltpolitik in starke Bedrängnis. Der Großteil dieser Aufrufe fand auf dem Smartphone statt: 87 Prozent der Altersgruppe der 16- bis 29-Jährigen, die Fridays-for-Future-Generation, sieht YouTube am Handy, zeigt eine österreichische Umfrage aus dem Jahr 2018.

Die Umweltbilanz von Smartphones

Doch wie sieht es mit der Umweltbilanz von Hardware, Apps und Clouddiensten aus? Welche Beiträge zur Bewältigung des Klimawandels kann das Smartphone über die soziale Organisation hinaus leisten? Rund 85 Prozent der Energie im Laufe der Lebensdauer eines Handys gehen in die Geräteproduktion, 15 Prozent in den Betrieb.

Das Sparpotenzial ist klar: Längere Verwendung senkt den Energiebedarf von Smartphones. In den USA und Europa hat sich der »Replacement Cycle« (die Zeit, bis ein Gerät durch ein neues Modell ersetzt wird) in den letzten Jahren von durchschnittlich zwei auf drei Jahre erhöht.

Dafür gibt es zwei Hauptgründe. Smartphones haben in den letzten Jahren hohe technologische Reife erreicht, die meisten Neuentwicklungen bringt Software. Bei der Hardware müssen die Hersteller bereits viel Fantasie an den Tag legen, um merkliche Änderungen auf den Markt zu bringen. Das andere Hindernis für ständigen Modellwechsel sind die stattlichen Preise aufgrund der immer aufwändigeren Geräte. Spitzenmodelle kosten heute mehr als Notebooks, und die Null-Euro-Angebote der Mobilfunker sind längst als Finanzierung über höhere Monatsgebühren durchschaut. Höhere Preise haben einen positiven Nebeneffekt: Sie sorgen für einen Gebrauchtmarkt. Gebrauchte Handys können wiederverkauft werden, bleiben damit länger im Umlauf – gut für die Energiebilanz, und vor allem gut für die Materialbilanz.

Die Materialseite bleibt weiterhin problematisch: Mit über 200 verschiedenen Werkstoffen in einem Gerät zählen Smartphones zu unseren komplexesten elektronischen Werkzeugen. Viele der verbauten Mineralien und Metalle werden in Konfliktgebieten und unter miserablen Arbeitsbedingungen abgebaut. Das holländische Sozialunternehmen Fairphone will mit seinem gleichnamigen Handy einen Ausweg aus diesem Dilemma zeigen. Sein Gründer Bas van Abel hat sich

ursprünglich bei der Verbesserung der Arbeitsbedingungen
in Minen engagiert, ehe er Fairphone zusammen mit anderen aufbaute.

Für Umweltaktivisten gebe es üblicherweise zwei Strategi-
en, erklärte mir van Abel: Entweder man identifiziert einen
»Bösen«, dessen Verhalten eine Umweltorganisation durch
öffentlichen Druck und Boykott der Produkte zu ändern versucht. Oder man zeigt Konsumenten eine positive Alternative, um ein Umweltproblem zu verringern und zu versuchen,
Erzeuger davon zu überzeugen. Bei den geliebten Smartphones »haben wir keinen wirklich Bösen gefunden. Und es gab
keine brauchbare Alternative, also haben wir beschlossen,
diese selbst zu entwickeln«, beschreibt van Abel sein Motiv.
Für die Gründung.

Materialien für die Produktion sollen aus fairer Produktion stammen und nicht aus Minen in den Händen von War-
lords. Die Arbeit in Minen und Produktion werden nach ver-
tretbaren Mindeststandards kontrolliert und bezahlt. Für das
verwendete Gold hat Fairphone in Zusammenarbeit mit dem
österreichischen Leiterplattenhersteller AT&S inzwischen
eine Fair-Trade-Zertifizierung erreicht. Die Handys werden
modular gebaut, womit sie leicht reparierbar sind und einzelne Teile – zum Beispiel die Kamera – ein Upgrade bekommen
können, ohne gleich das ganze Handy zu ersetzen.

Fairphone hat es geschafft, sich in diesem heiß umkämpf-
ten Markt zu behaupten, auch wenn es keine großen Stück-
zahlen erzielt. »Wir wollen eine Alternative zeigen, wie Han-

dys umweltschonender hergestellt und ein Teil der Kreislaufwirtschaft werden können«, sagt van Abel, dessen Initiative mehrfach preisgekrönt wurde. Ob unter dem Einfluss von Fairphone oder anderen Umweltgruppen: Da und dort sind erste Schritte zu einer nachhaltigeren Produktion zu sehen. So stellte Apple 2016 Daisy vor, einen Roboter, der inzwischen 15 iPhone-Modelle wieder in seine Bestandteile zerlegen und die Rohstoffe zurückgewinnen kann. Kobalt aus den alten Batterien wird wieder in neuen Batterien verwendet, aus wiedergewonnenem Zinn werden »Logic Boards« (die Hauptplatine in Apple-Geräten) gebaut. 2017 kündigte Apple CEO Tim Cook an, künftig keine Rohstoffe mehr aus Minen beziehen zu wollen, sondern nur noch aus dem Recycling von Elektroschrott. Dabei zeigt sich, wie wichtig gesetzliche Bestimmungen sind: Denn der US-Bundesstaat Kalifornien schreibt Herstellern seit einigen Jahren Recyclingraten für ihre Elektronik gesetzlich vor.

Der positive Umweltbeitrag

Etwa zwei Prozent der weltweiten Emissionen wird Informations- und Kommunikationstechnologie (IKT – die Gesamtheit von Smartphones, IT, Clouddiensten und Telekommunikation) zugeschrieben. In Industrieländern ist die Digitalisierung weiter fortgeschritten, in Europa verbraucht IKT rund acht bis zehn Prozent der Stromproduktion, was einen Emissionsanteil von vier Prozent bedeutet. Mit wachsendem Datenkonsum nimmt dies zu und Hersteller von Geräten wie Betreiber von Datenzentren und Telekommunikation müssen effizienter werden, damit sich das Datenwachstum nicht nahtlos in höherem Stromverbrauch niederschlägt.

Dafür kann IKT einen wesentlichen Beitrag leisten, damit andere Industrie- und Lebensbereiche bei ihrem Stromverbrauch effizienter werden und Emissionen senken. Etwa durch Verbesserungen bei der Logistik und in der industriellen Produktion, effiziente Stromnetze (»Smart Grids«), geringeren Energiebedarf im »Smart Home«, weniger Dienstreisen durch Videokonferenzen und anderes mehr. Eine Studie der Global e-Sustainability Initiative schreibt Informationstechnologien das Potenzial zu, bis 2030 zu einer Reduktion der Emissionen um 20 Prozent beitragen zu können. Das zeigt die Chance durch Digitalisierung – aber es ist kein Freibrief für die Branche, auf eigene Anstrengungen für eine CO2-neutrale Zukunft von Smartphones, PCs, Datenzentren und Telekom-Netzen zu verzichten.

Smartphones können die Umweltbelastung durch bisherige analoge Industrien reduzieren. Fast über Nacht hat digitale Fotografie die gesamte chemische Filmindustrie mit ihrer Ikone Kodak beseitigt, die weltweit Milliarden Filme und Fotos auf chemischer Basis mit entsprechenden Nebenwirkungen produzierte. Faxgeräte und spezielles Thermopapier dafür sind de facto verschwunden, das eine Elektroschrott, das andere ein

Produkt mit höchst problematischen Chemikalien. Smartphones könnten auch Thermopapier aus Registrierkassen überflüssig machen. Handys reduzieren den Papierkonsum, man denke nur an Tonnen an Telefonbüchern und geschrumpfte Zeitungsauflagen. Trotz vieler Anstrengungen bleibt Papiererzeugung ein energie- und rohstoffintensiver Prozess, Druckerfarbe eine problematische Chemikalie. Selbst wenn Papier aus nachwachsendem Rohstoff erzeugt wird: Besser wären größere Waldflächen, die der Luft CO_2 entziehen.

Ein Vorgeschmack dessen, was noch kommt

Wie im Gesundheitssektor können Smartphones helfen, mit Klimawandel zurechtzukommen. Das ist kein Ersatz für den grundlegenden Wandel zu einer CO_2-neutralen Wirtschaftsform und Lebensart. Aber diese Lösungen ermöglichen Menschen, selbst tätig zu werden. Dazu einige Beispiele. Bei fast keinem Startup-Wettbewerb der vergangenen Jahre durften Apps und Plattformen fehlen, die zur besseren Nutzung von Lebensmitteln beitragen wollen, statt sie am Ende des Tages zu vernichten. Wenn dadurch Überproduktion in der Landwirtschaft und der Lebensmittelerzeugung verringert wird, ist dies ein wesentlicher Beitrag zur Umweltentlastung.

Auch Online-Lebensmitteleinkauf, der zugestellt oder von Konsumenten bei Supermärkten abgeholt wird, könnte dazu beitragen, dass Bedarf und Angebot genauer abgestimmt sind und Überschuss verringert wird. Online-Einkauf (zunehmend über das Smartphone) könnte generell zu einer effizienteren und damit emissionsärmeren Verteilung von Waren beitragen als Einkaufsmärkte an Stadträndern, mit riesigen Parkplätzen und entsprechendem Verkehrsaufkommen.

Mit angeschlossenen Sensoren können Smartphones Mikroklima und Bodenfeuchtigkeit überwachen und melden. Für diese Entwicklung eines Forschungslabors in Oxford gibt es vielfache Anwendungen, von der Überwachung archäologischer Ausgrabungsstätten (die besonders unter den durch Klimawandel hervorgerufenen Schwankungen leiden) bis zur optimierten Luftfeuchtigkeit von Kunstsammlungen. In der Landwirtschaft können damit die Bodenfeuchtigkeit kontrolliert und sparsame Bewässerung gesteuert werden. Andere Sensoren ermöglichen Bodenanalysen und können so die optimale Düngung bestimmen. Das bringt sparsamen Umgang mit Wasser, teuren Ressourcen, geringere Belastung der Böden und höheren Ernteertrag. Lokalisierte Wetterdienste helfen Bauern beim Anbau. Und in einer Zeit, da sich Unwetterschäden mehren, können Bauern ihre Ernteschäden mit einer Smartphone-App und Fotos rascher der Versicherung melden und entschädigt werden – für finanzschwache Familien in vielen Regionen eine Hilfe zum Überleben.

Ein großes Feld der möglichen Anwendungen ist der Bildungsbereich, sowohl auf Schulen und Universitäten als auch für lebenslanges Lernen. Unsicherheit und ausdrückliche Verweigerung ist hier noch weit verbreitet, trotz zahlloser Beispiele, wie aus dem Smartphone ein motivierendes Bildungsmedium werden kann. Digitale Medien ermöglichen Feedback für Lehrende, das traditionelles Lernmaterial kaum ermöglicht: Etwa, an welcher Stelle die Mehrzahl bei einer Lernunterlage aussteigt. Für informelles Lernen sind Smartphones wie gemacht, beispielsweise um Migranten beim Erlernen einer neuen Sprache zu unterstützen. In Schulklassen mit zehn oder mehr Sprachen ist die Fähigkeit der digitalen Helfer als Übersetzer unverzichtbar. In Hinblick auf Umwälzungen auf dem Arbeitsmarkt sind Smartphones das wichtigste Mittel, um lebenslang zu lernen – Erklärungs- und Anleitungs-Videos gehören auf YouTube zu den Meistgesehenen.

Die Besserung

Das Misstrauen gegen die Datenkonzerne ist beim Publikum angekommen. Seit mehreren Jahren ist ein heftiger »Tech-Lash« (vom Wort Backlash, Rückschlag, abgeleitet) im Gang. Sowohl Facebook als auch Google wurden von Behörden in der EU und in den USA zu milliardenschweren Strafzahlungen wegen Verstößen gegen den Datenschutz verurteilt. Mit dem »Recht auf Vergessenwerden« und der Datenschutzgrundverordnung hat die EU-Regulierung ein klares Zeichen für nötige Regeln gesetzt. Prominente Kritik kommt nicht nur aus der Zivilgesellschaft und der Politik, sondern auch aus dem Silicon Valley selbst.

Einer der frühen Investoren in Facebook, Roger McNamee, zeigt sich besonders alarmiert über den Einsatz von Gesichtserkennungs-Software ohne Zustimmung der User. »Facebook hat in jüngster Zeit wirklich schreckliche Dinge getan, die ich nicht mehr entschuldigen kann. Facebook ermöglicht Leuten, dass sie anderen Schaden zufügen. Dabei kann das Unternehmen das beenden«, schrieb er in einer Mail an Mark Zuckerberg. Unbefriedigt von dessen Antwort kämpft McNamee seither in Kommentaren, politischem Lobbying und seinem Buch »Die Facebook-Gefahr: Wie Mark Zuckerbergs Schöpfung die Demokratie bedroht« für strikte gesetzliche Regulierung der Datenriesen.

Ein anderer prominenter Facebook-Dissident arbeitet auf dasselbe Ziel hin: Chris Hughes, der 2004 mit Zuckerberg im Zimmer eines Harvard-Studentenheims das Soziale Netzwerk mit erfand und damit ein reicher Mann wurde. Im Frühjahr 2019 warnte er in einem Gastkommentar vor der »beispiellosen Macht« von Facebook: »Ich höre oft Menschen sagen, ich lösche jetzt meinen Facebook-Account. Gott sei Dank gibt es ja Instagram – aber sie wissen nicht, dass Instagram im Besitz von Facebook ist.« Sein klares Ziel formulierte er bereits im Titel seines Kommentars: »Facebook muss zerschlagen werden.« Mit der US-Kartellbehörde arbeitet er seither bei einem Verfahren gegen das Soziale Netzwerk zusammen.

Spätestens seit dem Cambridge-Analytica-Skandal, der Wahlmanipulation beim US-Präsidentschaftswahlkampf 2016 mit Hilfe von Facebook-Userdaten, bemüht sich die Datenindustrie um Selbstkritik. Fast täglich kommen von Facebook selbst neue Vorschläge, wie es Fake News und Hass-Postings bekämpfen will. So sollen künftig »erwiesene« Fake-News-Postings gekennzeichnet werden, verkündet Facebook – und nimmt im selben Atemzug politische Werbung von dieser Bestimmung aus, um mächtige Politiker nicht gegen sich aufzubringen. Google inseriert in großen Inseraten, wie Benutzer durch entsprechende Einstellungen die Speicherung ihrer persönlichen Daten bei Google unterbinden oder löschen können. Der Konkurrenzkampf der Riesen der Techbranche wird mittlerweile rund um das Geschäftsmodell »Privatsphäre« geführt. Apple und sein CEO Tim Cook sind damit in die Offensive gegangen: »Was auf Ihrem iPhone passiert, bleibt auf Ihrem iPhone« plakatierte es prominent zur jährlichen Elektronikmesse CES in Las Vegas, eine Anspielung auf das frivole Vegas-Motto »What happens in Vegas, stays in Vegas«. Anders als Google, Facebook oder Amazon betreibt Apple keine werbefinanzierten Dienste, die von den Daten der Benutzer leben. Daten, die in die Apple Cloud übertragen werden (etwa zur Sicherung des iPhones), sind verschlüsselt – sehr zum Leidwesen der Polizei, wie wir in einem früheren Kapitel erfahren haben. Nachdem bekannt wurde, dass Apple (wie Google oder Amazon) bei der Auswertung seiner Spracherkennung Siri mit externen Dienstleistern arbeitete und deren Mitarbeiter intime persönliche Gespräche hören konnten, hat Apple ein neues Verfahren entwickelt (»federated learning«), das ohne menschliches Feedback auskommt.

Apple macht dabei jedoch seine Privatsphären-Rechnung ohne Apps auf den iPhones. Denn angefangen mit Google Maps sammeln Apps, mit Zustimmung der Benutzer, fleißig Daten, die bei der Benutzung des iPhones entstehen. Apple überprüft zwar Apps vor Freigabe in seinem Store, was viele Anbieter als mühsame Prozedur beschreiben. Jedoch gibt es viele legitime Gründe, warum eine App Userdaten verwenden will, und so kann auch Apples Geschäftsmodell Privatsphäre diese nur bedingt gewährleisten. Tatsache ist jedoch, dass Android und alle Google-Services und zahlreiche Apps nicht durch Gebühren, sondern den Verkauf von Userdaten finanziert. Im weit verbreiteten Spruch der Branche ausgedrückt: Wenn Sie nicht dafür bezahlen, sind Sie nicht der Kunde, sondern das Produkt.

Die Regulierung

Unsere Daten, unser Leben: Der Kampf um Datenselbstbestimmung und damit unsere Privatsphäre wird nicht durch die Selbstkontrolle der Datenindustrie gewonnen. Anträge zur Datenlöschung oder permanentes »Aufpassen« darüber, welche Daten unsere Apps und Geräte erfassen, erinnert an Sex ohne Verhütung. Diese Methode bleibt allenfalls einer kleinen Gruppe informierter und technisch ausreichend bewanderten Menschen vorbehalten. Wenn jedoch die Daten des Großteils der Benutzer von Smartphones und Clouddiensten weiterhin ausgelesen werden kann, gibt es auch keinen Schutz für diese Minderheit. Alleine aus Verbindungs- und Standortdaten können Rückschlüsse auf Personen gezogen werden, deren Daten selbst nicht erfasst sind. Schutz der Privatsphäre gibt es nur für alle – oder für niemand. So wie Schutz vor Rauch in Büros, öffentlichen Gebäuden oder Restaurants nicht durch freiwillige Selbstkontrolle der Tabakindustrie oder der Raucher zustande kam, braucht es starke gesetzliche Regelungen zum Umgang mit unseren persönlichen Daten.

Die Datenschutzgrundverordnung (DSGVO – ein bürokratisches Wortungetüm) der EU ist ein wichtiger Schritt in die Regulierung, in der jetzigen Form jedoch nicht ausreichend. Der einfache Zustimmungsklick auf die Geschäftsbedingungen einer App oder Webseite hebelt Bestimmungen der DSGVO weitgehend aus. Nicht zuletzt wirken Regelungen wie die DSGVO oder die »Cookie-Richtlinie« (über die Verwendung von Cookies auf Webseiten) als heimliche Erzieher: Täglich vielfach geben wir Webseiten unsere Zustimmung, damit wir an die (Gratis-) Inhalte kommen. Weg-Klicken ist längst zur Gewohnheit geworden und macht gute und gut gemeinte Schutzbestimmungen obsolet.

Für Gesetzgeber ist dies keine einfache, aber eine der wichtigsten Aufgaben unserer Zeit. Bisherige Instrumente wie das Wettbewerbsrecht reichen dazu nicht aus: Dieses beurteilt üblicherweise die Auswirkungen von Marktkonzentration anhand steigender Preise für Konsumenten. Aber wie beurteilt man De-Facto-Monopole wie Google oder Facebook, deren Dienste Nutzern ohne Entgelt, dafür im Austausch für Daten angeboten werden? Wie soll das Instrument des Datenschutzes greifen, wenn Benutzer von Social Media freiwillig selbst Details ihres Lebens preisgeben?

Traditionell geht Datenschutz von der Prämisse aus, dass Daten am besten gar nicht gesammelt und gespeichert werden, oder nur mit expliziter Zustimmung der betreffenden Personen. In der Folge gibt Datenschutz eine Handhabe, von Firmen Auskunft über gespeicherte persönliche Daten zu erhalten und allenfalls deren Löschung zu verlangen.

Aber dieser Zugang gleicht dem Versuch, Zahnpasta in die Tube zurückdrücken zu wollen. In der digitalisierten Gesellschaft erzeugt jeder Mensch unvermeidlich digitale Emissionen, so wie CO_2 beim Atmen entsteht. Wissend oder unwissentlich geben wir dazu unsere Zustimmung, inklusive der Erlaubnis der Weitergabe dieser Daten an Dritte – womit es praktisch unmöglich wird, je wieder zu kontrollieren, wer wo welche Daten verwendet und speichert, gar ihre Löschung zu bewirken. Darum muss nicht nur die Erfassung und Speicherung von Daten geregelt werden, sondern der Handel mit Daten an sich.

In der Debatte um die Datenindustrie stehen derzeit vor allem die großen Konzerne im Blick: GAFA – Google, Apple,

239

Facebook, Amazon, sowie Microsoft. Weitgehend unbeachtet sind jedoch Unternehmen, die ausschließlich vom Handel mit Daten und deren gezielter Auswertung für ihre Kunden großes Geschäft machen. Die wenigsten dieser Unternehmen sind der Öffentlichkeit bekannt: Firmen wie Skyhook, Thasos Group, Placed, Foursquare, Factual, Reveal Mobile, Ground-Truth und hunderte weitere Unternehmen. In Europa weist Crunchbase — eine Plattform, die Überblick über digitale Unternehmen gibt — 727 Firmen und Startups für »Location Based Services« aus. Diese verfügen über Investitionsgelder in einer Gesamthöhe von 4,2 Milliarden US-Dollar.

Auf ihren Webseiten sprechen die großen Datenhändler davon, über Daten aus fünf Milliarden Handys aus aller Welt zu verfügen. Alle preisen sich als verantwortungsvolle Player, die nur mit anonymisierten Daten handeln und sorgfältig prüfen würden, wem sie ihre Daten zugänglich machen. Selbst wenn große Vorsicht oberste Priorität wäre (nicht unbedingt das Mind-Set digitaler Pioniere) bleibt ein Haken: Kein Unternehmen kann die absolute Sicherheit seiner Daten garantieren. In den Worten des früheren FBI-Chefs Robert Mueller: »Es gibt nur zwei Arten von Firmen. Die einen wurden gehackt, und die anderen werden gehackt werden. Und diese beiden verschmelzen zunehmend zu einer Kategorie: Unternehmen, die gehackt wurden, und die wieder gehackt werden.«

Sicherheitsrisiko Datenhandel

Welche Brisanz ein Dateneinbruch bei einem dieser Händler hätte, davon gibt eine Untersuchung der »New York Times« einen erschreckenden Eindruck. Der Zeitung wurde ein einzelner Datensatz zugespielt, der 50 Milliarden (!) Standortdaten von 12 Millionen Personen enthielt. Diese Daten gelten offiziell als anonymisiert, jedoch bereitete es Datenanalysten wenig Schwierigkeiten, mit Standorten und Bewegungen die konkreten Personen zu identifizieren, die dann zur Überprüfung der Richtigkeit ihrer Auswertung kontaktiert wurden.

Aus diesen Daten ließen sich etwa Besucher in der Villa von Arnold Schwarzenegger ebenso wie in der Playboy Mansion in Los Angeles identifizieren. Oder ein leitender Beamter des Verteidigungsministeriums, der 2017 in Washington durch die Menschenmenge beim »Women's March« ging, während das Handy seiner Frau und die Smartphones mehrerer Nachbarinnen gleichfalls bei der Protestveranstaltung ihre Signale aussandten. Es fanden sich die Daten von Demonstranten bei einer Anti-Trump-Kundgebung, bei der ein Auto in Brand geriet. Dabei ist dies nur ein kleiner Auszug von Standortdaten in einzelnen Städten während eines Jahres. Die Datenfirmen können hingegen diese Information mit Daten aus anderen Quellen und über längere Zeiträume verschneiden, um so noch viel mehr über Personen zu erfahren.

Diese enormen Datenberge sind ein Sicherheitsrisiko erster Klasse. Sie liefern Material für kriminelle wie politische

Erpressung, für Maßregelungen unbotmäßiger Beamter oder Mitarbeiter, oder zur politischen Verfolgung in autoritären Staaten. Selbst wenn die Firmen, die über solche Datensammlungen verfügen, der (gut bezahlten) Versuchung zum Missbrauch widerstehen, so bleibt die Gefahr des digitalen Einbruchs durch kriminelle wie staatlich finanzierte Hacker. Oder die Gefahr des Missbrauchs durch einen Mitarbeiter, der seine Ex verfolgen will.

Datenhandel sollte daher wie andere Produkte und Prozesse mit einem hohen Sicherheitsrisiko streng reguliert werden – so wie Gentechnik, Pharmazeutika, Pestizide oder Technologie mit militärischer Verwendungsmöglichkeit. Daten sind nicht einfach das Öl des 21. Jahrhunderts: Sie sind ein Treibstoff mit potenzieller Explosionsgefahr, dessen Einsatz geregelt, begrenzt und kontrolliert werden muss.

Dazu gehört die Einschränkung von erlaubten Zwecken für Datenweitergabe, die Protokollierung jeden Zugriffs und der Mitarbeiter, die darauf Zugriff haben. Beschränkungen und »End User Zertifikate«, wonach der Empfänger seinerseits nicht weiter mit den Daten handeln darf, die Dauer, wie lange Daten überhaupt gespeichert bleiben dürfen, wie sie entsorgt werden. Die Vorratsdatenspeicherung wurde vom Europäischen Gerichtshof als unzulässig aufgehoben — warum sollen Händler ihre Daten ohne Ablaufdatum aufheben dürfen? Sanktionen bei Verstößen dürften nicht nur durch staatliche Institutionen wie Datenschutzkommissionen oder EU-Agenturen in die Wege geleitet werden. Klagen müssen bei Verstößen den Benutzern und Konsumentenschutzorganisationen offenstehen: Schließlich ist es der Missbrauch ihrer Daten, von dem Firmen profitieren. Die jüngsten EU-Regeln zu Sammelklagen sind dazu ein guter Schritt.

Wir schaffen das

Dieser Satz der deutschen Bundeskanzlerin Angela Merkel ist so denkwürdig wie ein bleibendes Zitat des früheren österreichischen Bundeskanzlers Fred Sinowatz: »Ich weiß, das klingt alles sehr kompliziert.« Gesetzgebung in diesem Bereich ist nicht nur inhaltlich sehr schwierig, da sie Neuland betritt und viele Jahre der Verhandlungen bedeutet. Sie ist aufwändig, weil sie nur auf EU-Ebene wirkungsvoll sein kann und dies den Vorgang noch langwieriger macht. In dieser Zeit schreitet die technologische Entwicklung fort, sodass der Abschluss jeder Regelung zugleich ein Neubeginn für die weitere Anpassung ist. Dazu kommt, dass effektive Maßnahmen geopolitische Konflikte bergen. Einen Vorgeschmack darauf haben US-Sanktionsdrohungen gegen Frankreich gezeigt, das Google zur Zahlung von – relativ bescheidenen — Digitalsteuern verpflichtet hat.

Wie schon bei der DSGVO wird eine Regulierung des Datenhandels weit über den Bereich der EU hinauswirken. Selbstbewusstsein ist gefragt: Auch die USA kümmern sich nicht um ihre Landesgrenzen, wenn sie ihre essenziellen Interessen bedroht sehen, wie beim Konflikt um europäische 5G-Netze von Huawei. Aber diesen Herausforderungen zu begegnen, ist unabdingbar, wenn wir die Gestaltung unserer digitalen Zukunft nicht Technologiekonzernen mit ihren unbegrenzten Ressourcen überlassen wollen.

Es steht viel auf dem Spiel. Die Beziehung zu unseren Smartphones hat so hoffnungsvoll angefangen, ehe berechtigtes Misstrauen einkehrte. Einen Weg zurück gibt es nicht, Smartphones und Digitalisierung sind die Art, wie wir heute leben. Diese Werkzeuge geben uns die Chance, dass auf unserem Planeten bald neun Milliarden Menschen ein gutes Auskommen haben können. Aber nur wenn wir Menschenrechte und Demokratie durch den Schutz unserer Privatsphäre stärken, kann dies tatsächlich gelingen. Es gibt dazu keine Alternative: Wir schaffen das.

Der Wert der Daten

Facebook, Google & Co.: Der Preis für die Benutzung dieser Dienste ist Null. Euro, Dollar, Yen – es kostet ihren Benutzern keine Gebühr, sie zu verwenden. Im Gegenzug geben sie »nur« ihre persönlichen Daten zur Nutzung durch die Anbieter preis, inklusive dem Recht, diese Daten an Dritte weiter zu verkaufen.

Dieser Tauschhandel macht es schwierig, den Wert persönlicher Daten zu ermitteln. Wieviel müssten uns die Anbieter der Dienste bezahlen, damit wir ihnen unsere Daten zur Verfügung stellen? Nichts, im Einzelfall – denn Ihre Daten sind, nur für sich betrachtet, praktisch wertlos. Milliarden-Gewinne, als Ganzes betrachtet – denn als aggregierte »Big Data« von hunderttausenden und Millionen Menschen können diese Daten in Geld verwandelt werden.

Forscher des renommierten MIT (Massachusetts Institute of Technology) versuchten, den Wert der Daten durch einen Umkehrschluss zu ermitteln. Sie untersuchten, wieviel man Benutzern von Diensten zahlen müsste, damit sie auf das jeweilige Angebot verzichten würden. Das Ergebnis ist ein Ranking, welche Services uns besonders ans Herz gewachsen sind: Gegen 48 US-Dollar im Monat – 576 US-Dollar im Jahr – würden Facebook-Aficionados auf ihre tägliche Dosis Updates an Kinder- und Katzenbildern verzichten. Die Ablasszahlung auf YouTube käme doppelt so teuer, mit 1.173 US-Dollar im Jahr. Unverzichtbar scheint hingegen den Benutzern der König der Onlinewelt: 17.530 Dollar würde der Entzug von Google kosten.

246

Postscriptum

In unsere noch so junge digitale Kultur ist Unbehagen eingekehrt. Fast täglich begegnen uns in Medien und unserem Social-Media-Strom Meldungen über Dateneinbrüche, Missbrauch von persönlichen Daten oder Bespitzelungen über unsere Handys. Das Smartphone in unserer Tasche wurde vom Assistenten zum Dirigenten unseres Lebens. Drei und mehr Stunden »Screentime«, Zeit, die wir im Blick auf das Display in unserer Hand verbringen, ist keine Seltenheit mehr, sondern bereits längst im Bereich des Normalen.

Die Auseinandersetzung mit diesem Unbehagen waren der Inhalt eines Arbeitskreises beim Europäischen Forum Alpbach, den ich gestalten konnte, sowie eines langen Gesprächs mit meinem Herausgeber Bernhard Salomon. Auf seine Anregung hin entstand daraus dieses Buch, das den Machenschaften der Konzerne nachgeht, die unsere geliebten Smartphones zu ihren Spionen umfunktionieren und unsere Daten in ihre Gewinne verwandeln.

Wie jeder Geschichte gehen auch dem »Spion in meiner Tasche« zahlreiche bereits geschriebene und erzählte Geschichten voraus. In journalistischer Tradition habe ich dazu keinen umfangreichen Fußnotenapparat angelegt, wie er einer wissenschaftlichen Arbeit anstünde. Einige der Medien und Autoren, denen dieses Buch wertvolle Einsichten verdankt, sind teilweise im Text direkt genannt. Alle Medien, aus deren Berichten Informationen übernommen wurden, sind im

Folgenden angeführt. Das Thema ist noch relativ jung, darum ist die Zahl der zitierten Bücher klein – auch sie habe ich alle genannt. Zu diesen Quellen kommen die Webseiten von Unternehmen und Institutionen, die ich nicht gesondert anführe, die jedoch jederzeit gegoogelt werden können. Die Natur der »Spionagetätigkeit« mit Hilfe unserer Handys führt dazu, dass die meisten Personen nicht genannt werden wollen, die mir im Zuge meiner Recherchen Einblick in die Arbeit von Ermittlungsbehörden und Unternehmen gegeben haben. Selbstverständlich respektiere ich diesen Wunsch nach Anonymität. Für ihre wertvolle Unterstützung danke ich ihnen kollektiv an dieser Stelle. Und mein sehr persönlicher Dank gilt Brigitte Handlos und Inge Baldinger, die mir durch ihre Anregungen und Feedback beim Schreiben sehr geholfen haben.

Zu guter Letzt sei der Ordnung halber noch festgehalten: Für die Recherchen und Arbeiten zu diesem Buch gab es keinerlei finanzielle Zuschüsse, Einladungen zu Reisen oder sonstige Zuwendungen.

Wien und Jois, Jänner 2020

Medien und Bücher

The Atlantic, BBC, Breakthrough Journal, c't, C5IS, Citizen Lab
News, CNBC, Cnet, CNN, Connect, Destination Innovation,
The Economist, EurekAlert!, Fast Company, FM4.orf.at,
Focus, Forbes, Foxtrot Alpha, Futurezone, Gadget Hacks,
GeekWire, Global Information Society Watch, Golem,
Groschenphilosophin.at, The Guardian, Heise, Huffpost,
ICTFOOTPRINT.eu, Kurier, Los Angeles Times, Mashable,
MedCity News, Medium, Meinbezirk.at, MIT Technology
Review, Monda Magazin, Nature, Netzpolitik, The New York
Times, The New Yorker, NPR, OneZero, Parkinson's News
Today, Penguin Perspectives Blog, Privacy International,
Republik, Reuters, Search Security, Der Spiegel, Der Standard,
Stern, Süddeutsche Zeitung, Tagesschau.de, Techcrunch,
The Next Web, Vice, Vox, The Wall Street Journal, The
Washington Post, Die Welt, wien.orf.at, Wikipedia, Wired,
WirtschaftsWoche, Ynet News, ZD Net, Die Zeit, 9TO5Mac
Isaacson, Walter: Steve Jobs. Simon & Schuster, 2011
Zuboff, Shoshana: Das Zeitalter des Überwachungskapitalis-
mus. Campus, 2018

Samuel Koch
**Die Welt, die ihr nicht mehr versteht –
Inside digitale Revolution**

Ein Buch über die Welt von morgen, die schon da ist,
und darüber, was junge High Potentials über sie wissen,
das wir nicht wissen. Der Schüler-Lobbyist und digitale
Unternehmer Samuel Koch räumt mit Missverständnissen
über Beschleunigung, Fortschritt und Privatsphäre auf, ent-
wirft eine Schule für Lehrer, an der Schüler unterrichten und
präsentiert eine optimistische digitale Utopie.

160 Seiten, 20 €
ISBN: 978-3-99001-332-8

Benjamin Hadrigan
#Lernsieg – Erfolgreich lernen mit Snapchat, Instagram und WhatsApp

Er hasste das Lernen und galt als Schulversager. Bis er seine liebsten Hobbys, Snapchat, Instagram und WhatsApp, beim Lernen verwendete. Von da an schrieb er nur noch Einsen und konnte neben dem Gymnasium sogar schon zu studieren beginnen. Das alles ohne Tricks und Hilfe. Inzwischen beriet er mehr als 200 Schülerinnen und Schüler als Lerncoach und legt jetzt sein Lernsystem mit sozialen Medien erstmals als Buch vor. Für alle, die in der Schule so erfolgreich wie er sein und dabei Spaß haben wollen. "Ihr werdet euch wundern, wie leicht das mit euren Social Media-Accounts geht", sagt er.

224 Seiten, 20 €
ISBN: 978-3-99001-317-5